애니그마, 말씀의 수수께끼 1

— 마태오 마르코 편 —

애니그마, 말씀의 수수께끼 1

교회인가 2025년 5월 22일 천주교 의정부교구 손희송 주교
펴낸날 2025년 7월 15일 초판 3쇄

지은이 김정일
펴낸이 오정섭
펴낸곳 사색의숲
편집 김주연 정미경

등록번호 제2017-000132
주소 경기도 고양시 일산동구 중앙로 1129 서관동 1053
팩스 0504-163-3738
이메일 epinia@naver.com

ⓒ 김정일 2025

ISBN 979-11-973296-6-1 (03230)

• 책값은 뒤표지에 있습니다.
• 잘못 만들어진 책은 바꾸어 드립니다.

애니그마, 말씀의 수수께끼 1
– 마태오 마르코 편 –

성경의 언어로 푸는 삶의 의미들

김정일 지음

사색의숲

차례

❖ 프롤로그 / 8
❖ 용어해설 / 14

1부 별과 보물

01 • 맞아들임에 관하여 / 19
02 • 별에 관하여 / 26
03 • 경배한다는 것에 관하여 (1) / 32
04 • 메뚜기와 들꿀에 관하여 / 37
05 • 광야에 관하여 / 46
06 • 앉아 있는 사람들과 걷는 사람들에 관하여 / 52
07 • 행복에 관하여 / 59
08 • 빛과 소금에 관하여 / 64
09 • 하느님의 공정에 관하여 / 72
10 • 참된 일꾼에 관하여 / 77
11 • 견딘다는 것에 관하여 / 85
12 • 순교한다는 것에 관하여 / 90
13 • 목숨에 관하여 / 96
14 • 기다린다는 것에 관하여 / 102
15 • 씨 뿌리는 사람에 관하여 / 108
16 • 보물에 관하여 / 115
17 • 용기를 낸다는 것에 관하여 / 122

2부 쓸모없는 종

01 • 도움을 청한다는 것에 관하여 / 131
02 • 교회를 세운다는 것에 관하여 / 138
03 • 걸림돌에 관하여 / 145
04 • 변한다는 것에 관하여 / 151
05 • 타이르는 것에 관하여 / 158
06 • 모으는 것과 모이는 것에 관하여 / 164
07 • 맨 나중에 온 사람에 관하여 / 171
08 • 주님께 필요한 것에 관하여 / 177
09 • 악한 소작인에 관하여 / 182
10 • 삯추는 것에 관하여 / 188
11 • 섬긴다는 것에 관하여 / 195
12 • 깨어 있다는 것에 관하여 (1) / 202
13 • 쓸모없는 종에 관하여 / 208
14 • 가장 작은 이에 관하여 / 214
15 • 여기에 관하여 / 219
16 • 경배한다는 것에 관하여 (2) / 225
17 • 파견에 관하여 / 233

3부
셰마, 이스라엘

01 • 더 큰 능력에 관하여 / 241
02 • 더러운 영에 관하여 / 250
03 • 손을 잡는 것에 관하여 / 255
04 • 겁을 먹는다는 것에 관하여 / 260
05 • 일어난다는 것에 관하여 / 267
06 • 쉰다는 것에 관하여 / 273
07 • 전통을 지킨다는 것에 관하여 / 278
08 • 에파타에 관하여 / 284
09 • 사탄에 관하여 / 290
10 • 관계에 관하여 / 297
11 • 가진 것을 판다는 것에 관하여 / 304
12 • 셰마, 이스라엘에 관하여 / 312
13 • 가난한 과부의 헌금에 관하여 / 317
14 • 하느님의 영에 관하여 / 324
15 • 깨어 있다는 것에 관하여 (2) / 330
16 • 종말론적 선택에 관하여 / 336

❖ 일러두기
1. 본문에 인용된 성경 구절은 한국 천주교회 공용 번역본인 『성경』(2005)을 따랐다.
2. 성경 인용 구절에서 굵은 글씨는 강조를 위해 저자가 표기한 것이다.
3. 본문에 들어간 그리스어 표현은 원형을 기본으로 삼았다.

프롤로그

> 애니그마는 항상 인간의 정신으로 파악되지만,
> 그 안에는 여전히 파악되지 않은 의미가 남아있다.
>
> - 쿠자누스, 『신의 바라봄』 -

『아는 무지 De docta ignorantia』를 집필한 니콜라우스 쿠자누스 Nicolaus Cusanus, 1401-1464는 그리스도교 신앙을 토대로 신플라톤주의 사유를 수용한 신비주의 사상가입니다. 그는 인간 정신이 본질적으로 신적 신비에 다가갈 수 있다고 보았습니다. 인간은 유한한 존재이지만 그 정신을 하느님에게서 받았으므로 하느님의 신비를 알아볼 능력이 있다는 것이지요.

그에 따르면, 세상 만물의 근원으로서의 신은 절대적인 하나이며, 모든 개별자가 지닌 고유한 의미는 이 하나로부터 비롯됩니다. 하지만 신은 하나의 이름으로 환원될 수 없기에, 오히려 모든 이름으로 불릴 수 있는 무한한 가능성이기도 합니다.[1] 하나이신 신이 펼치신 세계의 다양한 현상과 의미를 통해, 우리는 신적 의미, 곧 위대한 진리에 다가갈 수 있으며, 인간 정신은 이를 향한 끊임없는 '추정'의 여정을 계속합니다.

'애니그마'[2]는 인간의 정신이 신적 의미에 접근할 때 마주치는 인식의 모호함을 가리킵니다. 거울에 비친 상이 실체가 아니듯, 우리가 아는 것이 아무리 구체적이어도 그것은 원상을 희미하게 인식하는 것에 불과합니다. 우리 인간의 한계 때문이지요. 이러한 '앎의 희미함'을 가리켜 '애니그마'라고 합니다.

그러나 애니그마는 새로운 의미를 다시 찾게 해 주는 계기가 됩니다. 인간 정신은 드러난 의미들 속에 숨겨진 본래 의미를 발견하고

◇◇◇◇◇

1 참조: 니콜라우스 쿠지누스, 『신의 바라봄』, 김형수 역, 가톨릭출판사, 2014, pp.34-35
2 애니그마(라틴어 aenigma, 그리스어 αἴνιγμα)는 수수께끼를 뜻하는 그리스어로, 상징과 은유를 가리키는 개념이다. 사도 바오로가 "우리가 지금은 거울에 비친 모습처럼 어렴풋이 보지만 그때에는 얼굴과 얼굴을 마주 볼 것입니다."(1코린 13,12)에서 '어렴풋이'라는 뜻으로 사용한 말에서 유래한다. 즉 유한한 인간 실존은 자신의 지성적 조건에서 신적 의미를 파악한다고는 하지만 그 진리에 대해서 여전히 '어렴풋하게' 이해할 수밖에 없다는 것이다. 인간 정신이 신의 본질을 인식힐 때 애니그마(상징, 은유)에 남아있는 의미는 결코 고갈되지도, 그렇다고 완전히 해명되지도 않는다는 뜻이다. 참조: 같은 책, pp.53-55

싶어합니다. 애니그마는 이 과정을 촉진하는 일종의 수수께끼의 역할을 합니다. 우리가 수수께끼를 풀 때 경험하듯이, 수수께끼는 이미 알려진 것과 아직 알려지지 않은 것 사이를 매개하면서 뭔가를 조금씩 더 알려줍니다. 이것이 바로 해석학적 순환입니다. 이는 성경 해석의 과정에서도 반복적으로 마주하게 되는 경험입니다.

성경은 성령의 영감으로 기록되었지만, 인간의 언어로 쓰였기에 인간 지성으로 이해될 수 있어야 합니다. 그러나 그 본문은 명료하기보다 종종 모호하고, 때로는 상반된 듯 보이기도 합니다. 환하게 이해되었던 말씀이 어느 순간에는 아주 다르게 다가오기도 하고, 아무리 읽어보아도 무슨 뜻으로 하신 말씀인지 알쏭달쏭할 때도 있습니다. 같은 구절을 두고 해석이 서로 달라서 신학적 논쟁이 일어나기도 하지요. 그런 까닭에 성경은 한 번 읽고 마는 책이 아니며, 읽을 때마다 새로운 의미를 전해주는 책입니다.

하지만 성경을 이해하는 일은 정해진 답을 찾는 과정이 아닙니다. 오히려 해석학적 순환의 여정이라고 할 수 있습니다. 문자적 의미에서 시작해 우의적, 교훈적, 영적 의미로 나아가면서 더 깊은 '충만한 의미'[3]에 도달하는 여정 말입니다. 그 과정에서 애니그마는 우리를 멈추게 하거나 혼란스럽게 하는 장애물이 아니라, 더 깊이 사

---

3 버나드 맥긴/수잔 E. 슈라이너/도널드 시니어 C.P., 『21세기제롬성경주해29, 교회의 성경 해석』, 안소근 역, 성서와함께, 2023, p.188

유하도록 자극하는 계기가 됩니다. 결국 애니그마를 통해 깊이 감추어진 의미가 드러나게 되는 것이지요.

성경 말씀은 하느님의 뜻을 찾는 수수께끼와 같습니다. 다양한 힌트로 수수께끼가 풀리듯, 성경의 언어는 그 수수께끼를 푸는 실마리가 됩니다. 언어는 역사적 상황과 저자의 의도를 반영합니다. 성경의 언어를 들여다보면, 텍스트의 깊은 맥락이 밝혀지기도 하고 드러나지 않은 의미로 이어지는 문이 열리기도 합니다. 이러한 숨겨진 의미는 신앙과 윤리, 영성과 신비를 아우르며, 우리 삶을 거룩한 방향으로 이끌어 줍니다.

성경을 읽을 때 위대한 주석가들이 전해 준 해석을 아는 것도 중요하지만, 애니그마 속에 감추어진 의미를 발견하여 그것을 우리 삶으로 살아내는 일은 더 큰 가치를 지닙니다. 그것은 하느님께서 인간의 언어를 통해 전하고자 하신 진리이며, 우리의 삶을 성화시키는 빛이기 때문입니다. 성경을 읽고 삶을 살아가는 것 사이에는 끝없는 상호작용이 존재합니다. 살아가면서 말씀 해석의 실마리를 얻고, 성경을 읽으면서 삶의 실마리를 얻는 것이지요. 이러한 끝없는 순환과 해석의 여정을 '은총의 해석학'[4]이라 부를 수 있겠습니다.

---

4 같은 책, p.212

이 책은 사목 현장에서 성경 말씀을 묵상하고 해석한 강론 원고를 모은 것입니다. 단순히 교훈이나 교리를 전달하는 것을 넘어서, 인간의 언어 너머에 담긴 하느님의 깊은 뜻을 함께 나누어 보고자 했습니다. 그래서 복음서 본문 속에서 의미상 중요한 역할을 하는 단어의 원문을 찾아 그 뜻을 분석하고, 시대적 맥락과 성경 내 다른 용례들을 살피며 제 나름대로 해석해 보았습니다. 복음서 저자가 왜 하필 그 단어를 그 자리에 선택했는지 곰곰이 생각해 보기도 하고, 이야기 속 인물의 심리와 상황까지 아울러 헤아려 보기도 했습니다.

이 모든 여정은 하느님께서 내신 수수께끼를 푸는 과정이었고, 동시에 삶의 의미를 찾아가는 행복한 여정이었습니다. 그 안에서 충만한 의미를 발견할 때마다 놀라움과 기쁨이 함께했습니다.

먼저 마태오와 마르코 복음에 대한 해석을 세상에 내어놓습니다. 저에게 경탄과 은총으로 다가왔던 그 충만한 의미들이 독자들의 마음에도 전해져, 어두운 밤을 밝히는 반딧불이처럼 작지만 소중하게 반짝이기를 소망합니다. 그 반짝임을 통해, 성경을 읽는 일과 삶을 살아가는 일이 둘이 아니라 하나이며, 서로에게 실마리가 되어준다는 것이 환히 밝혀진다면 더없이 기쁘겠습니다.

이 부족한 글을 책으로 엮자고 제안해 주시고, 처음부터 끝까지 문장을 함께 다듬어 주신 사색의숲 대표님과 편집자님께 깊이 감사드립니다. 또 성경 해석의 사목적 의미를 일깨워 준 천주교 의정부교구 고양동 성당 신자분들께도 따뜻한 사랑과 감사의 마음을 전합니다. 그리고 무엇보다, 해석의 철학과 신학적 영감을 남겨주신 고 故 김형수 베드로 신부님께 마음으로부터 깊은 감사를 바칩니다.

> 숨겨진 것은 드러나는 것의 목적이며
> 내적인 것은 외적인 것의 목적이다.[5]
> - 쿠자누스 -

2025년 5월
혜화동 대신학교에서
김정일 신부

---

[5] 김형수, 「쿠자누스의 공놀이의 상징적 의미-De ludo globi에서 철학적 사유-」, 『중세철학』(제26호), 한국중세철학회, 2020, p.144

• 구약성경
이스라엘과 이를 계승하는 유다교 전통에서 하느님의 말씀을 기록한 문서들의 전집을 말한다. 모세오경·역사서·지혜문학·예언서로 구성되며 예수 그리스도에 관한 예언을 포함하고 있다.

• 신약성경
예수님의 승천 이후 그리스도교 안에서 형성된 문서들을 말한다. 주님의 말씀과 행적을 기록한 복음서와 선교적 목적의 서신, 그리고 종말의 때를 묘사하는 묵시록으로 이루어져 있다.

• 히브리어
유다 민족의 고대 언어. 유다 공동체의 정치적 등락에 따라 공용어로 쓰이다가 차츰 사용하지 않게 되었고, 기원후 3세기에 이르면 단지 종교적 언어로 그 명맥을 유지하게 되었다. 구약성경은 히브리어로 저술되었다.

• 그리스어
기원전 3세기 헬레니즘 시대 이후 팔레스티나와 근동 지역, 지중해 주변 지역은 그리스어를 공용어로 썼다. 고전 그리스어 보다 문법과 어휘가 단순해졌는데, 이를 코이네 그리스어라고 부른다. 신약성경 역시 코이네 그리스어로 저술되었다.

● 아람어

기원전 10세기 이래 등장한 근동의 국제 언어다. 바빌론 유배 이후 유다인의 구어(口語)가 되었고, 예수님과 제자들 역시 아람어를 썼을 것으로 추정된다. 신약성경에는 "아빠"(마르 14,36) · "탈리타 쿰"(마르 5,41) · "마라나 타"(1코린 16,22) 등이 나온다.

● 칠십인역

유다교 히브리어 성경의 그리스어 번역본으로 기원전 3세기에 완성되었다. 이 번역 작업에 투입된 인원이 72인으로 알려져 '칠십인역'으로 부른다. 초기 그리스도교 공동체는 이 칠십인역으로 구약성경을 읽었을 것으로 추정된다.

● 모세오경

구약성경의 처음 다섯 권인 『창세기』·『탈출기』·『레위기』·『민수기』·『신명기』를 말한다. 히브리어로는 '토라'(הרות), 그리스어로는 '노모스'(νόμος, 율법) 또는 '펜타테우코스'(πεντάτευχος, 오경)라 부른다.

● 공관복음

신약성경의 처음 세 복음서인 『마태오 복음』·『마르코 복음』·『루카 복음』을 말한다. 이 세 복음서는 구조와 내용이 비슷하고, 신학적 관점이 유사할 뿐 아니라 문체와 낱말 등 표현이 일치하는 경우가 많아서 '공관'(共觀) 복음서라고 불린다.

LAUDATE
JESUM

1부

별과 보물

우리는 동방에서 그분의 별을 보고
그분께 경배하러 왔습니다.
– 마태 2,2

γὰρ εἴδομεν αὐτοῦ τὸν ἀστέρα ἐν τῇ ἀνατολῇ
καὶ ἤλθομεν προσκυνῆσαι αὐτῷ

01

맞아들임에 관하여

　마태오 복음에는 예수 그리스도의 탄생 이야기가 나옵니다. 그 이야기는 마리아의 잉태 소식으로 시작하지요. 마리아는 요셉과 약혼한 처녀였는데, 어느 날 천사가 내려와 장차 성령으로 잉태하리라 알려주었습니다. 그리고 실제로 마리아는 아기를 가지게 되었지요. 요셉은 당혹스러웠습니다. 성령으로 잉태했다는 약혼녀의 말을 어찌 믿을 수 있었겠습니까? 그는 마리아와의 정혼을 아무도 모르게 취소하려 했습니다. 그때 그의 꿈에 주님의 천사가 나타나 말하였습니다.

　다윗의 자손 요셉아, 두려워하지 말고 마리아를 아내로 맞아들여

라. 마태 1,20

처녀가 잉태한다는 건 당시 유다교 사회에서 크나큰 범죄였습니다. 혼인도 하기 전에 잉태한 사실이 알려지면, 사람들의 손가락질은 물론이거니와 심지어 목숨마저 위태로운 상황이었지요. 그러니 천사의 말만 듣고 잉태한 약혼녀를 받아들이기란 여간 어려운 일이 아니었습니다. 하지만 요셉은 의로운 사람이어서, 맞아들이라는 주님의 말씀을 그대로 따랐습니다.

잠에서 깨어난 요셉은 주님의 천사가 명령한 대로 아내를 맞아들였다. 마태 1,24

이 대목을 읽으면 요셉이 주님의 말씀을 순순히 수용하고 아무런 저항 없이 그저 순종한 것처럼 보이기도 합니다. 그런데 정말 그랬을까요? 그저 주님의 말씀을 맹목적으로 따르기만 했을까요? 사실 요셉이 보여준 이 맞아들임에는 단순한 순종보다 더 깊은 의미가 숨겨져 있습니다.

* * *

앞서 읽은 마태오 복음 1장 20절과 24절에서 '맞아들인다'라는 뜻으로 사용한 그리스어 동사는 모두 '파라람바노$παραλαμ$

βάνω'입니다. 접두사 '파라'와 동사 '람바노'가 합쳐진 말이지요. '람바노' 동사는 성경 여러 구절에 등장하는데, 맥락에 따라 다양한 의미로 쓰입니다. 일단 기본적으로는 무엇인가를 차지하여 내 것으로 '소유한다' 혹은 '갖는다'를 뜻합니다.

> 너를 재판에 걸어 네 속옷을 **가지려는**람바노 자에게는 겉옷까지 내주어라. 마태 5,40

차지하고 가지려는 의지가 특히 강할 때는 '붙잡는다'와 같이 강렬한 의미를 나타내기도 합니다.

> 그런데 소작인들은 그들을 **붙잡아**람바노 하나는 매질하고 하나는 죽이고 하나는 돌을 던져 죽이기까지 하였다. 마태 21,35

이와 달리 가지려는 의지는 특별히 없었으나 누군가가 주어서 수용하고 소유하게 된 경우에는 '받는다' 정도의 뜻으로 이해할 수 있습니다.

> 돌밭에 뿌려진 씨는 이러한 사람이다. 그는 말씀을 들으면 곧 기쁘게 **받는다**람바노. 마태 13,20

요컨대 '람바노'는, 가지려는 의지가 강하든 약하든, 결과적으로 무엇을 가지고 취하게 되었음을 나타냅니다.

그런데 요셉이 천사로부터 들은 말은 '파라람바노'입니다. '람바노' 앞에 '파라'라는 전치사가 붙어 있습니다. 전치사 '파라 παρα'는 '~주위에'·'~곁에'라는 뜻으로, 뒤에 붙은 말에 공간성과 방향성을 더해주어, 뒷말의 의미를 강조해 줍니다. 마치 둘레에 울타리를 쳐서 전체를 감싸는 듯한 뉘앙스를 덧입혀 주지요. '람바노'는 무엇인가를 그저 획득하고 취했다는 밋밋한 뜻이지만, '파라람바노'는 그것을 감싸듯 온몸으로 끌어안고 놓치지 않도록 꼭 붙잡아, 대상과 나를 완전히 밀착시킨다는 의미를 띱니다. 그냥 '람바노'와 달리 '파라람바노'는 대상 쪽으로 향해 나아가는 나의 의지와 움직임을 함께 포괄하는 것입니다.

그러니 천사가 '마리아를 맞아들이라^{파라람바노}'고 한 말씀은, 어설픈 수용을 뜻하지 않습니다. "요셉아! 이왕 일이 이렇게 되었으니 어찌하겠느냐? 그냥 네가 받아들이렴."이라는 식의 힘없는 순종을 요구하는 게 아닙니다. 오히려 그 말씀은, 마리아를 온 마음으로 끌어안고 감싸 안아서, 사는 동안 항상 일치를 이루고, 함께 할 결심을 굳건히 다지라는 의미였습니다.

맞아들인다는 것은 익숙한 삶의 방식을 그저 고수하는 것과 대비됩니다. 요셉이 유다교 관습에 따라 그렇게 했더라면 아기 예수의 탄생은 전혀 다른 이야기가 되었겠죠. 하지만 요셉은 생각을 바꿨고, 비난받을 법한 약혼녀를 향해 나아갔습니다. 그녀를 끌어안아 일치를 이루는 새로운 삶의 가능성으로 진입해 들어

갔습니다.

* * *

어떻게 이런 일이 가능했을까요? 어떻게 자신이 발 딛고 있는 존재 방식을 극복할 수 있었을까요? 바로 하느님께 자신을 맡겼기 때문입니다. 마리아를 받아들이고 그녀와 일치를 이루는 새로운 삶이 온갖 어려움에 직면하고 두렵고 떨리는 것일 수 있지만, 하느님께서 그 삶을 맡아주시리라 고백하며 자신을 맡김으로써 존재의 새로운 차원으로 들어선 것입니다. 내어 맡기지 않으면 참되게 맞아들일 수도 없는 법입니다. 우리는 성경의 증언을 기억합니다.

모든 사람을 비추는 참빛이 세상에 왔다. 그분께서 세상에 계셨고 세상이 그분을 통하여 생겨났지만 세상은 그분을 알아보지 못하였다. 그분께서 당신 땅에 오셨지만 그분의 백성은 그분을 **맞아들이지**파라람바노 **않았다.** 요한 1,9-11

빛으로 오신 주님을 사람들이 맞아들이지 못한 것은 바로 그들 자신을 그분께 온전히 맡기지 못한 탓일지도 모릅니다.

맞아들인다는 것

그것은 단지 소유 차원에서 무엇을 붙들어 가지게 되었다는 뜻도 아니고, 인식의 차원에서 지식을 얻어 내 것으로 만들었다는 뜻도 아닙니다. 오히려 머리로는 도저히 이해할 수 없고 관습으로도 받아들일 수 없는 삶의 새로운 국면을 향해 나아간다는 의미입니다. 그것은 존재의 더 높은 차원을 인정하는 것이고, 나의 한계를 넘어서는 새로운 존재 가능성을 더 굳건히 다져가는 것이기도 합니다.

'맞아들인다'라는 것은 타자를 '나'라는 주체 안으로 받아들이는 것이 아니라 오히려 '나'라는 주체가 타자 속으로 온전히 들어가는 것입니다. 주님의 천사가 요셉에게 두려워하지 말고 마리아를 아내로 맞아들이라고 하신 말씀은 마리아를 잉태하게 한 성령의 힘 저 깊숙한 곳으로 들어가라는 말과 같습니다. 임마누엘 하느님께 온전히 내 존재를 내맡기고 상대를 향해 나아가 마침내 하나가 되라는 말이기도 합니다.

* * *

요셉은 진정 파라람바노한 인물입니다. 자포자기하며 상황을 받아들이는 대신, 오히려 하느님께 자신을 내맡김으로써 새로운 존재 가능성 속으로 깊이 진입한 인물입니다. 이처럼 하느님의 뜻을 맞아들인다는 것은 볼품없는 수용이 아니라, 내 삶의 모든 것을 기꺼이 내맡기는 투신입니다.

그러므로 주님을 진정으로 맞아들이고 싶다면 먼저 나 자신을 내맡길 줄 알아야 합니다. 자신을 그분께 내맡기지 않으면 내 삶에 그분의 자리가 존재할 수 없기 때문입니다. 우리는 우리 자신을 주님께 내던져야 하는 사람들입니다. 내 생각과 마음을 비우고, 주님께 우리 자신을 송두리째 맡겨야 합니다.

> 잠에서 깨어난 요셉은 주님의 천사가 명령한 대로 아내를 맞아들였다. 마태 1,24

이 말씀은 이렇게 알아들을 수 있습니다.

> 잠에서 깨어난 요셉은 무척 떨리고 두려웠지만, 모든 것을 그분께 **내맡겼다.**

요셉은 마리아를 아내로 맞아들임과 동시에 자신의 삶을 하느님께 내맡긴 사람입니다. 우리 모두 요셉처럼 맞아들이라는 말씀의 깊은 의미를 깨달아 새로운 존재 가능성을 향해 하느님께 투신할 수 있기를 희망해 봅니다.

02

별에 관하여

마태오 복음 2장은 동방 박사들이 아기 예수를 방문하는 이야기로 시작합니다. 그것은 이사야 예언자가 예언한 내용과 관련이 있습니다.

민족들이 너의 빛을 향하여, 임금들이 떠오르는 너의 광명을 향하여 오리라. 그들이 모두 모여 네게로 온다. 너의 아들들이 먼 곳에서 오고, 너의 딸들이 팔에 안겨 온다. 민족들의 재물이 너에게로 들어온다. 낙타 무리가 너를 덮고, 미디안과 에파의 수낙타들이 너를 덮으리라. 그들은 모두 스바에서 오면서, 금과 유향을 가져와, 주님께서 찬미 받으실 일들을 알리리라. 이사 60,3-6 참조

온 세상에 흩어져 있는 민족들이 빛과 광명을 향해 모여오리라는 이사야의 예언이 별을 보고 길을 찾아온 동방 박사들에 의해 성취되었다고 마태오 복음은 전하고 있습니다.

- 금과 유향을 가져와, 주님께서 찬미 받으실 일들을 알리라.
  이사 60,6

- 우리는 동방에서 그분의 별을 보고 그분께 경배하러 왔습니다.
  마태 2,2

별을 보고 먼 길을 지나와 아기 예수를 접한 그들은 이사야의 예언대로 "보물 상자를 열고 아기에게 황금과 유향과 몰약을 예물로 드렸"마태 2,10-11 참조습니다.

* * *

동방 박사들을 인도했던 별은 동서고금을 막론하고 위대한 인물의 탄생을 상징합니다. 이스라엘 전통에서는 이 세상을 구원할 구세주, 곧 메시아의 탄생을 의미했지요.[1] 유난히 밝은 별 하

◇◇◇◇◇

1 『주석성경』, 한국천주교 주교회의, 2010, p.404, "야곱에게서 별 하나가 솟고 이스라엘에게서 왕홀이 일어난다."(민수 24,17) 각주 참조: "고대 근동에서 '별'은 신과 임금의 표징이었다(마태 2,2 참조). 여기서 신탁은 노입을 정복한 다윗을 가리키는

나가 메시아의 탄생을 예고했고, 그들이 가야만 했던 길을 안내했을 뿐 아니라, 아기 예수가 탄생하신 장소에 이르러서는 하늘 위에 문득 멈춤으로써 이곳에서 갓 태어난 아기가 메시아라는 사실을 알려주었습니다. 별 덕분에 온 세상과 모든 민족이 구세주의 탄생을 알게 되었으니, 별은 그 자체로 공현公現, 곧 드러난다는 의미를 지닙니다.

이는 마태오 복음에 나오는 '별'의 그리스어 '아스테르ἀστήρ'의 뜻을 조금만 깊이 헤아려 봐도 알 수 있습니다. '아스테르'는 '펼치다'라는 뜻을 가진 '스트로누미στρώννυμι'에서 파생된 말입니다. 그러니까 아스테르, 즉 별은 그 어원적 의미에 따르면 수가 놓인 듯 밤하늘에 아름답게 펼쳐진 것들입니다.

아스테르의 어원인 '스트로누미'는 성경의 다른 대목에서 볼 수 있는데, 바로 예수님이 예루살렘으로 입성하시는 장면입니다. 예수님께서는 예루살렘에 가까이 이르자 제자 둘을 따로 먼저 보내어 매여 있는 암나귀와 그 곁에 있는 어린 나귀를 끌고 오게 하십니다. 시온의 왕이 겸손한 모습으로 어린 나귀를 타고 오리라는 구약성경의 예언이사 62,11; 즈카 9,9 참조을 이루기 위함이었지요. 성경은 그 장면을 이렇게 묘사합니다.

◇◇◇◇◇
것 같으나(2사무 8,2), 다윗을 통하여, 모압의 오랜 적대국으로 머무르게 될 그의 왕조 전체는 물론 메시아까지 암시하는 것이다."

제자들은 가서 예수님께서 지시하신 대로 하였다. 그들은 그렇게 암나귀와 어린 나귀를 끌고 와서 그 위에 겉옷을 펴 놓았다. 예수님께서 그 위에 앉으시자, 수많은 군중이 자기들의 겉옷을 길에 깔았다. 또 어떤 이들은 나뭇가지를 꺾어다가 길에 깔았다. 마태 21,6-8

이 구절 마지막에서 두 번이나 등장하는 '깔았다'는 표현의 원어가 바로 '스트로누미'입니다. 주인공이 지나갈 길에 카펫을 깔 듯, 겉옷과 나뭇가지를 길 위에 펼쳐 깔았다는 의미지요. 군중은 예수님 일행을 앞서거니 뒤서거니 따라 걸으며 외쳤습니다.

다윗의 자손께 호산나! 주님의 이름으로 오시는 분은 복되시어라. 지극히 높은 곳에 호산나! 마태 21,9

자신의 겉옷과 나뭇가지를 펼치고 깔아놓는 동작은 다윗의 자손에 대한 존경과 거룩한 존재에 대한 흠숭의 표현이었습니다. 길 위에 깔린 것은 겉옷과 나뭇가지였지만, 실제로 펼쳐진 것은 환호하는 군중의 마음이었고, 그 펼쳐짐을 통해 드러난 것은 오히려 예수님의 신원이었습니다. 그분이 다윗의 자손이시며 지극히 높으신 분이시라는 것, 다름 아닌 메시아시라는 것이지요.

* * *

　이처럼 펼친다는 것은 기어이 펼쳐서, 펼치고자 하는 것의 본질을 드러낸다는 말입니다. 펼침을 통해서 그 속에 숨어있던 새로운 차원의 진리가 모습을 드러내고 겉으로 환하게 밝혀지는 겁니다.
　이는 별도 마찬가지입니다. 앞서 말씀드렸듯이 별은 어원상 펼쳐진 것을 의미합니다. 예루살렘 길목에 펼쳐진 겉옷과 나뭇가지처럼 별들은 밤하늘을 수놓듯 펼쳐져 있지요. 그것은 그것들을 하늘에 펼쳐 놓으신 창조주 하느님의 능력을 보여줍니다. 그리하여 하느님의 존재와 온 세상을 만드시고 돌보시는 그분의 사랑과 섭리가 드러나고 알려지게 됩니다. 별은 자신을 펼치는 행위를 통해 하느님을 알리고 진리를 드러냅니다. 별이 빛나는 까닭은 별을 통해 펼쳐진 진리가 명확하고 환하게 밝혀지기 때문입니다. 별이 더 환하게 빛을 발할수록, 그 별이 담고 있는 진리는 더 또렷이 드러날 수 있습니다.
　동방 박사를 인도한 별도 그렇습니다. 밤하늘에서 유난히 밝은 빛을 냄으로써 이 세상을 향한 하느님의 위대하고 자비로운 계획을 드러냈고, 무엇보다 세상 모든 민족을 구원해 주실 메시아가 탄생하실 것임을 알게 해주었습니다. 머나먼 사막 길을 밝혀 주었던 그 별빛 하나에도 주님의 진리가 숨어있었던 것이지요.

* * *

인간은 본성적으로 지적인 존재입니다. 숨겨진 것을 찾아내어 펼쳐서 밝혀내고 싶어 하지요. 그런 점에서 인간은 별을 닮은 존재입니다. 인간의 이성이 별처럼 반짝반짝 빛나는 건 인간에게 자기 심연의 것을 펼치고 싶은 갈망이 있어서입니다. 그래서 내가 펼쳐가는 나의 삶을 보면 내가 어떤 마음과 생각으로 살아가는지 환하게 드러납니다. 내가 펼쳐가는 나의 믿음을 보면 내가 어떤 주님을 신앙하는지 여실히 드러납니다.

또한 다른 사람들은 펼쳐진 나의 삶을 통해 나를 바라보고 그런 나를 이해하지요. 그들은 펼쳐진 우리의 믿음을 통해 우리가 믿는 하느님을 바라봅니다.

그런 점에서 우리는 서로가 서로에게 펼쳐진 별들입니다. 별을 닮은 우리는, 접혀 있던 심오한 진리를 세상과 서로에게 드러내며 살아갑니다. 밤하늘에 빛나는 별처럼 우리 자신도 아름다운 존재인 이유가 바로 여기에 있습니다.

숨겨진 진리를 펼치며 사는 삶

하느님의 초월성을 펼쳐 드러내며 사는 한, 우리 삶은 별처럼 빛날 것입니다.

03

경배한다는 것에 관하여 (1)

우리는 동방에서 그분의 별을 보고 그분께 경배하러 왔습니다.
마태 2,2

아기 예수님을 뵙기 위해 베들레헴까지 찾아온 동방 박사들이 한 말입니다. 그들에게 경배가 얼마나 중요하길래 그 먼 곳에서 경배하러 왔던 걸까요? 그리고 그렇게 동방 박사들이 땅에 엎드려 경배한 이유는 무엇이었을까요?

* * *

성경이 '경배하다'라는 뜻으로 사용한 '프로스퀴네오προσκυνέω'는 '입을 맞추다'라는 뜻의 동사 '퀴네오κυνέω'와 '~을 향하여'라는 뜻의 전치사 '프로스πρός'가 합성된 말입니다. 그 어원적 의미에 따르면, 경배는 누군가를 향해 입맞춤하는 행위를 뜻합니다.

본래 '퀴네오κυνέω'는 '개'를 뜻하는 '퀴온κύων'에서 유래한 말입니다. 보통 개는 충성스러운 동물로 여겨집니다. 주인에게 복종할 때 무릎을 꿇고 앉아 주인의 손에 입을 맞추거나 핥는 동작을 취하지요. 루카 복음에는 호화롭게 사는 부잣집 대문 앞에 누워있는 종기투성이의 라자로를 개들까지 와서 핥곤 하였다는 이야기가 나옵니다루카 16,20 참조. 이처럼 퀴온개이 핥고 입을 맞추는 특징이 있다 보니, '퀴온'을 어근으로 해서 '입맞춘다'는 의미의 동사 '퀴네오'가 파생되었던 것이지요. 그러므로 '퀴네오' 동사가 표시하는 입맞춤은 주인에 대한 충성심을 드러내는 동작이라고 하겠습니다.

이와 더불어 입을 맞추는 행위는 복종과 관련된 제의적 성격을 지니기도 합니다. 고대 이집트의 벽화나 조각상 중에는 인간이 땅에 얼굴을 대고 입을 맞추는 모습이 있는데, 이는 대지를 만든 신을 숭배하고 복종을 다짐하는 의미를 담고 있습니다. 또 로마 시대에는 황제에 대한 복종을 서약하거나 통치자를 신격화할 때 반드시 부복하여 입맞춤하도록 했습니다. 이처럼, '퀴네오'는 '퀴온개'이 가리키는 주인에 대한 충성심의 표현을 넘어, 신에 대한 제의적이고 숭배적 성격의 입맞춤까지도 포괄한다고 볼 수 있습니다.

이런 사정으로 '프로스퀴네오'는, 인간이 신에게 입맞춤하며 엎드려 절하는 모습을 묘사할 때 사용하게 되었습니다. 신을 향하여^{프로스} 복종의 맹세와 경외심을 밖으로 드러내는 동작이 입맞춤^{퀴네오}이었던 것이지요. 성경의 또 다른 구절에도 이 표현이 나오는데, 이를테면, 어떤 나병 환자가 "예수님께 엎드려 절하며"^{마태 8,2} 자신의 병을 고쳐 달라고 간청하는 구절에서 '엎드려 절한다'라는 뜻으로 '프로스퀴네오'가 사용됩니다. 그 나병 환자 역시 절대적인 신뢰와 경외심의 표현으로 예수님께 입 맞추며 엎드려 절을 했을 겁니다.

* * *

인간은 신에게 절대적인 믿음과 흠숭을 드릴 때 엎드려 절합니다. 이것이 바로 경배지요. 경배란, 땅에 얼굴을 대고 겸손한 자세로 그의 발에 입맞춤하는 것입니다. 경배의 본질은 상대를 전적으로 믿고 그분께 나를 맡기는 내면의 태도입니다. 그 내면을 드러내는 외적인 표지로서 그분의 발치에 머리를 대고 입을 맞추는 것이지요. 시편도 신을 경외하는 마음으로 그분의 발에 입 맞추라고 노래합니다.

세상의 통치자들아, 경외하며 주님을 섬기고 떨며 **그분의 발에 입 맞추어라.** 시편 2,11

이처럼 경배는 신에 대한 신뢰와 경외심을 바탕으로 절대적인 섬김의 자세를 드러내는 행위입니다. 경배를 통해 인간은 비로소 신 앞에서 겸손한 존재로 거듭납니다. 동방 박사들이 그 먼 길을 떠나와서 굳이 아기 예수님을 찾아뵙고 경배드린 까닭도 바로 이것입니다.

* * *

그런데, 성경에는 반전이 나옵니다. 발에 입을 맞추는 행위인 경배는 인간이 신을 향해 취해야 할 태도인데, 놀랍게도 예수님이 우리들의 발에 입을 맞춰주신 것입니다. 그분께서는 자신을 모른다고 부인할 걸 뻔히 아시면서도 제자들의 발을 씻겨 주시고, 그 발에 입을 맞추어 주셨지요. 경배 받아야 할 분께서 먼저 자신을 낮추시어 우리를 경배해 주신 것입니다. 이는 우리에게 보여주신 극진한 사랑의 표지입니다. 그리하여 인간이 신을 향해 바치던 경배는 하느님이 인간을 향해 베푸시는 사랑의 형태로 새로운 의미를 얻게 되었습니다.

사랑하는 이의 발에 입을 맞추는 것

우리가 주님을 경배하고 그 발에 입을 맞추듯, 주님께서도 우리 발에 입을 맞추셨습니다. 이런 입맞춤을 통해 주님을 향한 우리의 사랑과 우리를 향한 주님의 사랑이 하나로 일치하기에 이릅니다.

어쩌면 동방 박사들은 이 사실을 예감했을지도 모릅니다. 아기 예수가 장차 죄 많은 우리들의 발을 씻겨 주시고 그 발에 입 맞추어 주실 유일한 분이라는 것을, 그리하여 인간을 향한 하느님의 사랑이 얼마나 크게 드러나는지를 알았기에 동방 박사들은 그 먼 길을 지나왔을 것입니다. 그렇게 보면 동방 박사들의 경배는 주님께서 몸소 보여주실 '구원의 경배'의 예표라 하겠습니다. 지금은 그들이 경배하러 왔지만, 장차 주님께서 우리 발에 사랑의 입맞춤을 해주실 것이라는 역설적 상징이기도 합니다.

내가 너희에게 한 것처럼 너희도 하라고, 내가 본을 보여 준 것이다. 요한 13,15

몸소 본을 보이셨던 그분의 경배가 되려 그분을 경배하도록 이끌어 줍니다. 이제는 우리가 경배할 차례입니다. 우리가 그분을 경배하는 건 주님의 입맞춤에 응답함으로써 주님과 사랑의 일치를 이루기 위함입니다. 그것이 바로 구원입니다.

우리의 경배는 구원을 향한 입맞춤입니다.

04

메뚜기와 들꿀에 관하여

요한은 낙타 털로 된 옷을 입고 허리에 가죽 띠를 둘렀다. 그의 음식은 메뚜기와 들꿀이었다. 마태 3,4

마태오 복음이 전하는 세례자 요한의 모습입니다. 옷차림이나 음식이 예사롭지가 않지요. 이 구절을 읽으면, 요한이 아주 이상한 사람이라는 인상을 받게 됩니다. 사회에 적응하지 못한 괴짜 같은 느낌이 들지요. 하지만 당시 유다인들은 우리가 보지 못한 점들을 알아차렸을 겁니다. 그리고 그것이 세례자 요한이 선포했던 복음과 긴밀히 연결된다는 것도 아마 알았을 것 같습니다. 이 짧은 구절에 대체 어떤 비밀이 숨어있음까요?

* * *

　'털이 많은 옷을 입고 허리에 가죽 띠를 두르는' 복장은 구약성경에 나오는 엘리야와 닮았습니다. 엘리야는 유다인들이 가장 존경하는 예언자이기도 했거니와 세례자 요한 시대에는 엘리야의 재림을 기대하는 엘리야 대망론이 널리 퍼져 있기도 했습니다.

　구약성경 열왕기 하권에 엘리야 이야기가 나옵니다. 세례자 요한과 비슷하게 엘리야는 '몸에 털이 많고 허리에는 가죽띠를 두른 사람'으로 묘사됩니다. 2열왕 1,8참조.

　엘리야 시대 사람들은 하느님에게서 멀어져 가고 있었지요. 왕과 신하들, 농사를 짓던 백성들 대부분이 바알 신에게 의존하고 그를 섬기는 일이 늘어만 갔습니다. 그때 기이한 복장을 한 엘리야가 나타나 하느님과 선조들이 맺었던 약속을 상기시키고 하느님의 주권을 회복해야 한다고 외쳤습니다.

　엘리야의 가장 유명한 일화는 아마도 카르멜 산에서 바알 신의 예언자 사백오십 명과 벌였던 대결일 것입니다. 1열왕 18,20-40 참조. 신에게 바치는 번제물을 준비하고서는 각기 자신의 신에게 그 번제물을 불살라 달라는 기도를 하여 응답을 구하는 대결이었지요. 먼저 바알의 예언자들이 시도했지만 아무 일도 일어나지 않았습니다. 이어서 엘리야가 홀연히 일어나 하늘에 불을 청하자 하느님은 불을 내려 번제물을 불살라버렸습니다. 하느님만이 이 세상의 유일한 주님이시며 전능하시다는 것을 단박에 증명해 버린 것이지요.

엘리야는 하느님의 백성들을 다시 하느님 품으로 돌아오게 만든 일등 공신이었습니다. 그 공로 덕분에 엘리야는 죽음을 겪지 않고 하늘로 들어 올려졌다고 성경은 기록하고 있습니다 2열왕 2,1-18 참조. 이런 이유로 유다인 후손들은 승천한 엘리야가 언젠가 다시 이 땅으로 내려와서 자신들을 하느님에게 이끌어 주리라는 소망을 간직하고 살았습니다. 신약성경 곳곳에 엘리야 이야기가 나오는 것도 이런 배경 탓이지요.

그런 유다인들이 '낙타 털로 된 옷을 입고 허리에 가죽띠를 두른' 세례자 요한을 보았으니, 얼마나 반가웠겠습니까? 엘리야가 다시 와서 그들을 새 세상으로 이끌고 있다는 감격과 설렘이 모든 이의 가슴을 가득 채웠지요. 심지어 우리 예수님도 요한이 곧 엘리야라는 말씀을 하시기도 했습니다.

> 모든 예언서와 율법은 요한에 이르기까지 예언하였다. 너희가 그것을 받아들이고자 한다면, 요한이 바로 오기로 되어 있는 엘리야다. 마태 11,13-14

요컨대 마태오 복음은 세례자 요한이 마치 엘리야와 같은 권위를 지닌 인물로서 대중들 앞에 나타났다는 이야기를 전달하고 있는 것이지요.

* * *

　이렇듯 권위 있는 예언자였던 세례자 요한은 메뚜기와 들꿀을 먹었다고 기록되어 있습니다. 흥미롭죠. 원래 유다인들의 주식은 빵과 포도주인데, 요한은 전혀 엉뚱한 음식을 먹었다고 하니까요. 그런데, 이 두 가지 음식의 정체를 두고 여러 가지 해석이 나오기도 합니다.

　우선 메뚜기^{아크리데스, ἀκρίδες}는 다소 뜬금없는 느낌을 줍니다. 고대 근동에서 식용으로 쓰던 메뚜기는 땅메뚜기 종류로 주로 이집트나 북아프리카에 서식했다고 합니다. 메뚜기는 풀을 갉아 먹고 살기 때문에 주로 농사짓는 곳에 많이 살지요. 그런데 세례자 요한이 활동한 곳은 요르단 강 근처의 광야입니다. 사막은 아니었지만, 그래도 아주 척박한 땅이어서 메뚜기들이 먹을만한 풀 종류나 식물이 별로 없었습니다. 그러니 그 광야에 메뚜기가 있었다고 보기는 어렵습니다.
　그래서 몇몇 학자들은 메뚜기가 아니라 아마 쥐엄나무 열매였으리라 추정합니다. 나뭇가지에 매달린 쥐엄나무 열매는 생김새부터가 메뚜기와 비슷합니다. 게다가 쥐엄나무 열매를 뜻하는 히브리어 '하루브חרוב'는 곤충 메뚜기를 가리키는 '하가브חגב'와 표기와 발음이 아주 유사하지요. 이 학자들에 따르면, 요한이 실제로는 쥐엄나무 열매를 먹었는데, 아마도 전승 과정에서 메뚜기로 와전되었을 가능성이 크다고 합니다. 실제로 초기 그리스도교인들이 쥐엄나무 열매를 '세례자 요한의 빵'이라고 이름 붙였다[2]는 사실을 떠올려보면, 이런 추측이 제법 신빙성이 높습니다.

성경에도 쥐엄나무 열매가 나옵니다. 아버지의 재산을 미리 받았다가 모두 탕진해버린 탕자 이야기의 한 대목입니다 루카 15,11-32 참조. 빈털터리가 된 그는 돼지 치는 일을 하게 되었는데, 어찌나 배가 고픈지 돼지들이 먹는 나무 열매라도 좀 얻어먹고 싶었습니다.

> 그는 돼지들이 먹는 열매 꼬투리로라도 배를 채우기를 간절히 바랐지만, 아무도 주지 않았다. 루카 15,16

이 구절에 나오는 열매 꼬투리가 바로 쥐엄나무 열매입니다. 쥐엄나무 열매는 주로 돼지밥으로 쓰던 열매입니다. 뜨거운 여름이 끝날 무렵이면 나뭇가지에 풍성히 열매가 달리는데, 그 양이 많아 주로 동물 사료로 썼고, 먹을 것이 없는 가난한 이들이 가끔 먹기도 했다고 합니다. 일종의 구황작물인 셈이지요. 우리도 과거 배고프던 시절에 풀뿌리와 나무껍질을 삶아 먹지 않았습니까? 쥐엄나무 열매는 초근목피에 해당하는 비참한 수준의 음식인 셈입니다.

---

2 김영숙, 『성경에 나오는 식물들』, BOOKK, 2020, pp.179-182, '쥐엄나무' 참조.

오죽하면 사람이 돼지밥을 먹겠습니까? 학자들의 해석대로 세례자 요한이 쥐엄나무 열매를 먹었다면 그는 정말 가난하고 비참한 삶을 살았다고 이해할 수 있겠습니다. 엘리야처럼 권위 있는 예언자였지만 그렇다고 해서 어떤 권력도, 어떤 혜택도 누리지 않고 최소한의 거친 음식으로 소박한 삶을 꾸려갔다고 상상할 수 있습니다.

* * *

들꿀도 비슷합니다. 요한이 활동한 광야에도 벌이 살았고 꿀을 만들기도 했지만, 그 벌은 거칠고 사나워서 양봉에는 적합하지 않았습니다. 바위나 나무 틈에 꿀을 모아두더라도 그 양은 지극히 적었습니다. 요한이 꿀을 먹었다면, 그것은 아주 드문 일이었을 것입니다.

들꿀로 번역한 그리스어는 '멜리μέλι'입니다. 물론 꿀을 뜻하기도 하지만 때로는 꿀처럼 끈적한 진액을 말하기도 합니다. 그래서 학자들은 이 단어가 달고 끈적한 대추야자 열매를 말하는 게 아닌가 추정하기도 합니다. 대추야자는 그 시절 유다 땅에서도 흔한 과일이었습니다. 정말 달고 진득한 식감이 일품이지요. 고대로부터 그냥 먹기도 하고 말리거나 절여서 먹기도 했습니다. 당도가 높아 허기를 달래는 데에는 더없이 좋은 음식이었을 겁니다.

그렇지만 광야에서 생활했던 요한이 대추야자 농사를 짓지는 않았을 테죠. 그는 어떻게 그 열매를 먹었을까요? 모세의 율법에 그 단서가 나옵니다. 율법에는 곡식과 열매를 수확할 때 모조리 거두지 말고, "가난한 이와 이방인을 위하여 남겨 두어야 한다."레위 23,22라는 규정이 있습니다. 유다인들은 이 율법에 따라 열매를 수확하던 중에 땅에 떨어진 것은 그대로 내버려 두는 전통을 유지했습니다. 요한이 대추야자 열매를 먹었다면 아마도 그렇게 남겨진 것을 주워 먹었을 것입니다.

* * *

그러므로 요한이 메뚜기와 들꿀을 먹었든, 아니면 돼지밥과 수확 후 남겨진 열매를 먹었든, 그가 먹은 음식은 지극히 가난하고 비참한 삶을 상징합니다. 엘리야와 같은 복장을 하고서 권위 있는 예언자로 활동했지만, 그가 꾸렸던 삶은 아무것도 소유하지 않은 가장 낮은 자의 생존 그 자체였습니다. 그저 하느님이 기르고 남겨주신 음식을, 그나마도 가까스로 먹고 살았습니다. 그가 가진 것은 하느님 나라에 관한 비전과 열망, 그리고 그의 혈관과 근육에 가득 차올랐던 생명력뿐이었습니다. 다시 말해 그의 유일한 자산은 존재 그 자체였던 것이지요.

인간의 원초적인 존재 위에만 발을 딛고서 그는 하느님의 나라를 선포했습니다. 회개하는 사람은 그 누구도 차별하지 않고 세례를 주었고, 하느님 나라의 일원이 되게 해주었습니다. 만약 그가 왕궁이나 신전에 속한 자들처럼 화려한 옷을 입고 기름진 음식을 먹으며 하느님 나라를 선포했다면, 그런 권세에 속하지 못했던 가난하고 병들고 굶주린 군중들에게 얼마나 낯설고 생경해 보였을까요? 우리 삶을 장식하는 권세와 명예와 부와 욕망을 다 걷어내고, 하느님이 주신 근원적인 존재에만 기초하여 외친 복음이었기에 그의 선포는 참되고 힘을 가진 것이 될 수 있었습니다.

가난하다 해서 못 들어가지 않습니다. 비천하다 해서 못 들어가지 않습니다. 무지하다 해서 못 들어가지 않습니다. 삶의 방향을 돌려 하느님을 신뢰하고 하느님을 주님으로 받아들인다면 누구나 하느님 나라에 들어갈 수 있습니다. 광야처럼 척박하고 거친 인생을 살더라도 하느님께 전적으로 의지할 때 그 나라는 시작됩니다. 하느님의 나라는 모든 이를 초대하고 모든 이에게 열려있습니다. 그러므로 그 나라의 본질은 이렇게 말할 수 있습니다.

가장 보편된 나라

화려함 대신 소박하고 검소한 음식일지라도 다 함께 나누는 나라.

누구나 와서 서로를 위하여 자기 것을 베풀며 함께 식탁에 앉는 나라.

인간의 존엄성과 참된 권리가 살아있는 나라.

세례자 요한은 그런 나라를 선포했습니다. 그는 회개하는 모든 이에게 세례를 베풀었으며, 아무리 거친 음식도 기쁘게 먹었습니다. 보편된 세례와 보편된 구원은 세례자 요한 특유의 예언자적 정신입니다. 그 정신을 구현한 것이 가장 낮고 가장 원초적인 그의 삶이었지요. 그러므로 메뚜기와 들꿀은 세례자 요한이 광야에서 몸소 외치며 소망했던 보편적이고 개방적인 하느님 나라의 상징인 것입니다.

세례자 요한이 가난한 이들과 함께 먹던 메뚜기와 들꿀을 생각하다 보면, 가난하고 평범한 사람들이 주인이 되는 그런 나라를 꿈꾸게 됩니다. 마치 광야에서 외치는 이의 소리가 제 귓가에 맴도는 듯합니다.

하늘 나라가 가까이 왔다. 마태 3,2

05

광야에 관하여

예수님께서는 성령의 인도로 광야에 나가시어, 악마에게 유혹을 받으셨다. 마태 4,1

마태오 복음은 세례를 받으신 예수님께서 광야로 나가셨다고 기록하고 있습니다. 광야, 예수님께서 유혹을 받으셨다는 그 광야는 대체 어디일까요? 아마도 유다 광야라고 부르는 드넓은 지역 어느 곳일 겁니다. 지도에서 보시듯이 유다 광야는 사해 서쪽에 남북으로 길게 펼쳐진 지역입니다.

이곳은 마치 땅을 양 끝에서 세게 눌러 찌그려 놓기라도 한 양 거친 협곡들이 끝없이 펼쳐져 있습니다. 호사가들이 '작은 그랜

◀ 1세기 팔레스티나
예수님께서 단식하시며 사탄의 유혹을 받으신 유다 광야는 사해 호수 서쪽에서 남북 방향으로 길게 이어지는 드넓은 지역이었다. 예수님은 아마도 유다 광야의 북쪽 언저리에서 기도하셨을 것으로 추정된다.

드캐니언'이라는 별명을 붙이기도 했지요. 연 강수량이 150mm도 되지 않아 무척 건조하고 척박합니다. 구약성경은 "물기 없이 마르고 메마른 땅"시편 63,2이라고 묘사합니다. 때로는 몇 년간 비가 오지 않기도 합니다. 그늘이 없어 따가운 태양볕을 온몸으로 받아야 하는데, 낮 기온이 70도까지 올라갔다는 기록도 있습니다.

성경에는 예수님께서 요르단강에서 세례를 받으시고 성령에 이끌리어 광야로 가셨다고 나옵니다. 그 경로를 떠올리며 지도를 살펴보면, 아마도 사해 북쪽 예리코 성읍 근처의 광야가 아니었을까 추측해 보게 됩니다.

　예수님께서 유혹을 받으신 광야의 정확한 위치를 찾는 것도 성서 고고학적으로 가치 있는 일이겠지요. 그러나 지금 우리에게 더 중요한 것은 그 광야가 어떤 의미를 지닌 곳인지 알아보는 일일 것 같습니다.

* * *

　마태오 복음에서 '광야'라는 뜻으로 사용된 단어는 '에레모스 ἔρημος'입니다. 이 말은 원래 '황량하다'라는 뜻입니다. 루카 복음에는 오천 명을 먹이시는 기적 사화가 나옵니다. 날이 저물자 제자들은 예수님에게 군중을 돌려보내자고 청합니다. 잘 데도 없고 먹을 것을 구할 수도 없었기 때문입니다. 제자들은 이렇게 말합니다.

> 군중을 돌려보내시어, 주변 마을이나 촌락으로 가서 잠자리와 음식을 구하게 하십시오. 우리가 있는 이곳은 **황량한 곳**입니다.
> 루카 9,12

　여기서 '황량한 곳'으로 번역한 단어가 바로 '에레모스'입니다. 이 장면은 광야의 의미를 잘 보여줍니다. 광야가 황량한 것은 메마르고 척박해서 그런 것만은 아닙니다. 더 중요한 것은 먹을 것과 마실 것을 구할 수 없는 곳, 삶을 꾸려갈 수 없는 곳, 그래서 사람의 발길이 끊기고 흔적조차 없이 텅 빈 곳이라는 점입니다.

광야에 서면 끝없이 펼쳐진 협곡의 풍광 속에서 바람 소리만이 내 곁을 스쳐 지나갑니다. 나 홀로 버려진 듯 고독이 밀려들지요. 그 고독한 적막감을 대하노라면 우리는 두 가지 갈림길을 만나게 됩니다.

* * *

그중 하나는 유혹입니다. 광야는 황량한 곳이고, 삶에 필요한 모든 것들이 결핍된 장소입니다. 결핍은 끝내 견디기 어려운 것이어서, 채우려는 욕망이 쉽게 고개를 듭니다. 그 순간 누군가 내 귓가에 대고 달콤한 말을 부드럽게 속삭인다면, 나는 귀를 쫑긋 세우고 빠져들게 될 것입니다. 악마는 늘 이렇게 우리를 유혹하지요. 이스라엘 백성들이 모세를 따라 이집트를 탈출했을 때, 광야에서 유혹을 받은 것도 그곳이 너무나 황량한 곳이었기 때문일 겁니다.

유혹이란 내 삶의 결핍을 어떻게든 다른 것으로 채우고자 하는 데서 싹트는 뒤틀린 마음입니다. 바꾸어 말하면, 광야는 인간이 자신의 결핍과 마주해야 하는 유혹의 장소입니다. 그런 곳에서 예수님은 사십일을 밤낮으로 단식하셨으니, 물기 없이 메마른 예수님의 상태는 악마가 달콤한 말로 유혹하기에 더없이 좋은 조건이었을 것입니다. 욕망을 불러일으켜 주님을 좌절시키려 했겠지요. 인간적인 약점에 쉽게 무너지는 우리였으면 그 유혹에 넘어가고 말았을지도 모릅니다.

하지만 주님은 욕망에 사로잡히지 않으셨고 유혹을 물리치셨습니다. 대신 하느님 말씀과 성령으로 내면을 충만하게 하셨습니다. 광야에서 우리가 대면하는 또 하나의 가능성은 바로 이것, 성령의 충만한 힘으로 삶의 기운을 충전할 수 있다는 점입니다.

실제로 예수님께서는 당신 자신은 물론이거니와 제자들이 힘들어할 때도 다름 아닌 광야로 떠밀어 보내셨습니다.

- 예수님께서는 밖으로 나가시어 **외딴곳**으로 가셨다. 루카 4,42
- 너희는 따로 **외딴곳**으로 가서 좀 쉬어라. 마르 6,31

여기서 '외딴곳'으로 번역되는 단어가 바로 '에레모스', 광야입니다. 예수님께서는 광야에서 유혹이 아니라 오히려 생기를 얻을 수 있다고 생각하신 겁니다. 모든 것이 결핍된 텅 빈 장소에서, 인간은 자기 존재의 근원적인 본모습을 발견할 수 있고, 그 존재를 돌보시는 하느님의 능력과 사랑을 체험하게 됩니다. 스스로 충만하다며 자만하는 자의 영혼은 하느님을 결코 만날 수 없습니다. 인간은 자신의 결핍과 내적 황량함을 마주할 때 비로소 하느님을 찾게 되며 성장할 수 있기 때문입니다.

* * *

광야는 그저 척박하고 황량하여 악마의 유혹에 시달리기만 하는 장소가 아닙니다. 오히려 나의 결핍과 내적 황량함을 발견하고, 그것을 성령으로 채워 약동하는 삶으로 만들어 가는 가능성의 공간입니다. 예수님께서 '성령의 인도로 광야로 나가셨다'는 기록은 우리가 광야에서 무엇을 만나야 하는지를 잘 보여줍니다.

멀리 이스라엘 사해 근처에 펼쳐져 있는 그곳, 유다 광야만이 광야인 것은 아닙니다. 오늘 이 땅에서 내가 펼치는 삶 자체가 광야입니다. 필요한 것은 늘 부족하고 과정은 고통스러우며 고독한 우리 내면은 언제나 황량하기 때문입니다. 우리는 이 광야에서 성령의 인도를 따를 것인가, 아니면 악마의 유혹에 빠질 것인가 하는 갈림길에 위태롭게 서 있지요. 하지만 주님께서 그러셨듯이, 그 광야에서 성령의 힘을 선택하길 바랍니다.

광야는 황량한 땅이 아니라 선택의 땅입니다.

06

앉아 있는 사람들과 걷는 사람들에 관하여

어둠 속에 앉아 있는 백성이 큰 빛을 보았다. 마태 4,16

　예수님께서는 갈릴래아 지방에서 '하늘 나라가 가까이 왔으니 회개하여라'라는 말씀을 선포하시며 공생활을 시작하셨습니다. 마태오 복음은 이 일을 두고 이사야 예언자의 말씀이 성취된 사건이라고 설명합니다. 그래서 예수님의 등장을 묘사할 때도 의도적으로 이사야서의 한 구절을 인용하지요. 죽음의 그림자 속에 갇혀 앉아 있는 사람들에게 예수님께서 큰 빛으로 떠오르셨다는 내용입니다.

- 어둠 속에 **앉아 있는** 백성이 큰 빛을 보았다. _{마태 4,16}
- 어둠 속을 **걷던** 백성이 큰 빛을 봅니다. _{이사 9,1}

두 구절을 비교하면 한 가지 차이가 있지요. 마태오 복음은 어둠 속에 '앉아 있는' 백성으로, 이사야서는 '걷고 있는' 백성으로, 약간 다른 표현을 사용하고 있습니다.

어둠 속에 앉아 있으나 걷고 있으나 결과적으로 큰 빛을 보게 될 터이니 별 차이가 없어 보일 수도 있습니다. 하지만 성경 본문의 맥락을 섬세하게 들여다보면 앉아 있는 것과 걷고 있는 것은 강조점이 조금 다릅니다. 그리고 그 차이를 통해 예수님의 복음 선포가 우리에게 어떻게 큰 빛이 되는지를 더욱 또렷하게 이해할 수 있습니다. 이제 본문을 살펴보지요.

※ ※ ※

(1) 어둠 속에 앉아 있는 사람들

먼저, 마태오 복음이 '앉아 있다'라는 뜻으로 사용한 단어는 '카테마이 κάθημαι' 입니다. '카테마이'는 사람이 한 장소에 가만히 앉아 있는 모습을 묘사하거나 조심스럽게 조용히 앉는 동작을 나타내는 말입니다. 공관복음은 모두 예수님께서 마태오를 부르시는 장면에서 이 단어를 사용하고 있습니다.

예수님께서 길을 가시다가 마태오라는 사람이 세관에 **앉아 있는 것**카테마이을 보시고 말씀하셨다. '나를 따라라.' 그러자 마태오는 일어나 그분을 따랐다. 마태 9,9

여기서 '카테마이'는 앉아 있는 모습만을 나타내는 것이 아니라 앉아 있는 이의 심리상태까지도 암시해 줍니다. 어쩐지 마태오가 세관 앞에 위풍당당하고 거만하게 앉아 있기보다는 풀이 죽고 주눅이 든 모습으로 앉아 있었을 것 같지요. 그의 위축된 심정이 연상됩니다.

마태오의 직업은 세리였습니다. 세리는 동족들에게 세금을 냉혹하게 거두어 로마 당국에 봉사하는 직업이었습니다. 직업상 어쩔 수 없는 일이긴 하지만, 강압적이고 부당한 착취는 그의 일상이 되었고, 유다인들의 원성과 경멸의 대상이 되곤 했지요. 마태오의 마음은 늘 무거웠고 죄인이라는 자괴감을 떨치기 어려웠습니다. 자기 직장인 세관 앞에 앉아 있어도 사람들을 똑바로 바라볼 수 없어 항상 고개를 떨구고 주저앉아 있을 수밖에 없었지요. 세리 마태오에게 앉아 있음이란 편안한 마음으로 휴식을 취하는 자연스러운 앉음이 아니라 무거운 마음으로 주저앉아 있음입니다. 앉아 있다고 다 앉아 있는 것이 아닙니다.

이런 주저앉음에 익숙해지면 그것은 어느새 그 사람을 형성하는 삶의 태도가 됩니다. 아무런 변화도 추구하지 못하고 그저 익숙한 방식에 눌러앉아 늘 고만고만하고 진부한 일상을 되풀이하며 살게 되지요. 삶에 주눅들고 어떠한 희망도 없이 살아가는 인간의 모습입니다.

루카 복음은 '카테마이'의 이런 의미를 잘 알았던 것 같습니다. '앉다'가 아니라 아예 '살다'라는 뜻으로도 사용하고 있기 때문입니다.

> 그날은 온 땅 위에 **사는**카테마이 모든 사람에게 들이닥칠 것이다.
> 루카 21,35

이 구절에서 '카테마이'는 숨을 쉬며 그저 살아있다는 의미 이상을 뜻합니다. 오히려 앞서 보았던, 희망없이 주저앉아 살아가는 삶의 방식을 지칭하지요. 루카 복음은 이런 삶을 사는 이들에게 마지막 날이 닥칠 것이라고 경고하는 중입니다.

그러므로 마태오 복음에 등장하는, 어둠 속에 앉아 있는 백성이란 주님을 만나기 전의 세리 마태오처럼 주저앉아 살아가는 이들, 삶에 주눅들고 절망에 빠져 모든 걸 체념한 이들, 요컨대 실의에 빠진 이들이라고 하겠습니다.

복음은 바로 그런 이들에게 주님께서 큰 빛으로 나타나셨다고 증언합니다. 주저앉은 이들을 일으켜 세우시고, 주눅 든 이들에게 힘을 주시고 절망에 빠진 이들에게 희망을 주셨기 때문입니다. 하느님 나라를 선포하신 것은 실의에 빠진 인생을 구원해 주시는 희망의 복음이었습니다.

(2) 어둠 속을 걷고 있는 사람들

이사야서에서 '걷는다'로 번역된 히브리어 단어는 '할락הלךְ'입니다. '할락'은 어느 장소나 방향을 향해서 두 발로 '걸어간다'라는 뜻입니다. 우리말도 그렇지만, 히브리어에서 '걷는다'라는 말은 어떤 목표를 이루기 위해 특정한 방식의 삶을 살아간다는 상징적 의미를 지니기도 합니다. 인간의 삶이란 곧 주님의 길을 걷는 것이며 주님을 따르며 살아가는 것이기 때문입니다. 특히 구약성경의 신명기는 걷는 동작보다 따르고 살아간다는 상징적 의미에 방점을 두고 '할락'을 사용했습니다.

> 내가 오늘 너희에게 명령하는 모든 계명을 명심하여 실천하고 주 너희 하느님을 사랑하며 언제나 그분의 길을 **따라야**^{할락} 한다.
> 신명 19,9 참조

'어둠 속을 걷던 백성이 큰 빛을 봅니다'라는 이사야서의 표현도 마찬가지입니다. 여기서 걷는다는 표현도 삶의 방식을 지칭합니다. 어둠 속을 걷기에 그 삶이 어두움에 갇혔다는 걸 암시하지요. 어둠 속에 파묻힌 것은 다름 아닌 주님의 길입니다. 신명기 말씀처럼 우리가 따라야^{할락} 할 그 길을 식별하지 못하고 어둠 속에서 걷기에^{할락}, 그 걸음은 올곧을 수가 없습니다. 걷기는 걷되 올바른 길을 따라 걷지 못하는 걸음, 그저 이리저리 헤매고 방황하며 서성거리는 걸음일 뿐입니다. 어둠 속에 걷는 사람들이란 곧 방황하는 이들입니다.

삶은 곧잘 어둠에 휩싸입니다. 길이 있으나 보이지 않고, 서성이지만 나아가지는 못합니다. 우리는 늘상 갈팡질팡 방황하는 존재지요. 어둠을 걷어내지 않는다면, 우리 존재의 본래적인 방황은 끝없이 이어질 것입니다. 이사야서는 바로 이 어둠을 물리치는 큰 빛이 우리에게 오신다고 선포합니다. 그리하여 그 빛은 주님의 길을 드러내 주고, 아무 길이나 걷게 하는 것이 아니라 우리가 주님의 길을 따르며 살아가도록 할락 해준다는 것입니다.

요컨대, 앞서 읽었던 마태오 복음과 이사야서의 말씀을 풀어서 쓰면 이렇습니다.

어둠 속에 앉아 있는 백성이 큰 빛을 보았다. 마태 4,16
— 실의에 빠진 이들이 큰 빛을 보게 되었습니다.

어둠 속을 걷던 백성이 큰 빛을 봅니다. 이사 9,1
— 방황하는 이들이 큰 빛을 보게 되었습니다.

* * *

성경은 우리를 가두는 어둠을 두 가지로 표현합니다. 희망을 잃고 끝없는 나락에 빠진 상황이 그 하나요, 길을 잃고 끝없이 방

1부 • 별과 보물 57

황하여 무엇을 해야 할지 모르는 상황이 또 다른 하나입니다. 그럴 때마다 하느님께서 우리를 그 어둠에서 건져내실 거라고 성경은 약속합니다. 그분의 말씀이 바로 구원의 큰 빛, 우리를 감싸고 있는 어둠을 몰아내실 빛 자체이기 때문입니다. 성경은 이렇게 말씀하십니다.

하느님 말씀은 제 발에 등불, 저의 길에 빛입니다. 시편 119,105

절망에 빠져 보지 않았거나 방황하지 않은 사람은 없습니다. 우리는 끊임없이 어둠에 갇힙니다. 그 캄캄한 어둠 속에서 낙담하여 우두커니 앉아 있거나 길을 잃고 정처없이 헤매기도 합니다. 그럴 때마다 우리는 성경의 약속을 떠올려야 하겠습니다.

어둠 속에 앉아 있거나 걷고 있는 사람들

그들은 모두 구원의 큰 빛을 보게 될 것입니다.

07

행복에 관하여

행복하여라. 마태 5,3-10 참조

마태오 복음에는 예수님의 유명한 산상 설교가 나옵니다. 행복에 관한 여덟 가지 가르침이라 하여 흔히 진복팔단眞福八端이라 부르지요. 그 구절은 하나같이 '행복하여라'라는 참 행복 선언으로 시작합니다. 행복은 삶의 목적이자 바람이고, 누구나 마땅히 누려야 할 권리이기도 합니다. 모든 사람은 행복하기 위해서 태어났고, 마땅히 행복을 누리며 살아야 합니다.

행복은 흔히 감정이나 내면의 상태라고 생각합니다. 이를테면, 오랫동안 간절히 바라던 일이 이루어졌을 때 내면 가득 차오르는 기쁨과 벅찬 감동 같은 정서를 행복감이라 부르곤 하지요. 건강하고 안락한 삶을 누리며 얻는 평온함은 행복을 더 빛나게 해줍니다. 때로는 부와 명예처럼 외적으로 얻어지는 것들을 행복의 조건으로 부르기도 합니다.

하지만 이런 기쁨과 내면의 충만함, 평온한 일상, 혹은 부와 명예 같은 것은 시간이 지나면 곧잘 사라지기도 합니다. 이러한 것들은 우리 존재의 본성에 속하지 않는 우연적인 것들이고 그나마도 찰나에 사라지는 한순간의 상태일 뿐입니다. 그런 것은 영원하지 않습니다. 성경은 이런 것들과 달리 영원한 행복을 보여줍니다. 성경이 말하는 진정한 행복은 어떤 내용일까요?

* * *

사실 성경을 떠나서도 행복은 모든 시대 모든 사람의 관심사였습니다. 고대 그리스에서 지혜를 찾고자 했던 이들, 말하자면 고대 그리스 철학자들도 마찬가지였지요. 그들은 행복을 '에우다이모니아^{εὐδαιμονία}'라고 불렀습니다. '다이모니아'의 어원인 '다이몬^{δαίμων}'은 신을 뜻합니다. 완전하고 절대적으로 지혜로운 존재죠. 그 앞에 붙은 '에우^{εὐ}'는 '좋은 상태'를 뜻합니다. 그러니까 그리스 철학자들이 생각한 에우다이모니아, 즉 행복이란 신처럼 살아가는 것, 신과 같이 지혜롭고 완전하며 최선의 상태를 누리며 살아가는 것을 말합니다. 인간이 속한 물질세계에서 벗어나

영적이고 신적인 단계에 가까워질수록 참되고 완전해진다고 생각했던 것이지요. 이런 그리스적 사유 체계에서 인간은 에우다이모니아를 추구하는 존재입니다.

어떻게 하면 신처럼 살 수 있을까요? 고대 그리스 철학자 아리스토텔레스는 영혼의 활동을 그 비결로 제시했습니다. 그에 따르면, 영혼은 인간에게 속한 것 가운데 신의 본성에 가장 가까운 것입니다. 영혼은 순수한 사유를 통해 지혜를 얻을 수 있고, 인간이 지닌 잠재력을 현실에서 탁월하게 발휘하여 훌륭한 품성을 체화하고 덕을 쌓을 수 있다고 말합니다. 안으로는 현명한 판단을 위해 끊임없이 사유하고, 밖으로는 덕을 실천하는 삶을 지속하는 것, 이것이 아리스토텔레스가 말하는 에우다이모니아, 곧 행복이었습니다. 행복은 전적으로 인간 영혼이 노력하여 얻는 결과라고 본 것이지요.

* * *

하지만 예수님은 다르게 말씀하십니다. 우선 행복을 부르는 용어부터 달랐는데, 마테오 복음 산상수훈에 나오는 '행복'이란 단어는 '에우다이모니아'가 아니라 '마카리오스μακάριος'입니다. 마카리오스는 인간이 스스로 일궈낸 성과가 아니라, 하느님께 상으로 받는 복을 말합니다. 루카 복음에는 '마카리오스'의 이런 의미를 잘 보여주는 장면이 나옵니다.

예수님께서는 당신을 초대한 이에게도 말씀하셨다. "네가 점심이나 저녁 식사를 베풀 때, 네 친구나 형제나 친척이나 부유한 이웃을 부르지 마라. 그러면 그들도 다시 너를 초대하여 네가 보답을 받게 된다. 네가 잔치를 베풀 때에는 오히려 가난한 이들, 장애인들, 다리저는 이들, 눈먼 이들을 초대하여라. 그들이 너에게 보답할 수 없기 때문에 너는 **행복**마카리오스할 것이다. 의인들이 부활할 때에 네가 보답을 받을 것이다." 루카 14,12-14

행복은 하느님께서 주실 보답에 근거합니다. 가난하고 불쌍한 이들, 보답할 능력이 없는 이들에게 자선을 베풀면 하느님께서 복된 상을 내려주실 것이기에, 그 상을 받는 사람은 행복하다는 뜻이지요. 인간의 행복은 이처럼 하느님에게서 유래합니다. 나의 의지나 정신의 활동을 통해 행복을 얻고 누리는 것이 아닙니다. 행복은 오히려 인간의 삶 안으로 숨결처럼 스며드는 하느님의 선물입니다.

유한한 존재의 결핍과 부족함이 무한한 존재의 충만함으로 채워지는 것, 이것이 바로 마카리오스, 곧 성경이 전하는 행복의 본질입니다. 진복팔단에서 장차 행복해질 사람들이 모두 마음이 가난하고 슬퍼하며 의로움에 주리고 목마른 사람들인 이유도 거기에 있습니다.

* * *

그리스도교적 의미에서 행복은 하느님의 축복이 내려와 인간에게 주어지는 **강복**降福입니다. 강복이 있어야 행복도 있습니다. 인간은 누구나 이런 복된 삶을 살도록 초대받았습니다. 이는 인간이 하느님께서 내려주시는 복으로 자신과 자신의 삶을 채우도록 부르심을 받았다는 의미이기도 합니다. 행복은 하느님의 자비로 우리를 충만하게 채우는 전全 과정을 이르는 말입니다.

그러므로 우리가 자신의 부족함을 발견한다면 이는 오히려 복된 것입니다. 존재의 빈 부분을 그만큼 하느님의 복으로 채울 수 있기 때문입니다. 하느님의 복으로 채울 수 있는 나의 균열을 발견하는 것 자체가 애초에 커다란 복입니다. 내가 이렇게 생긴 것도, 이렇게 부족하고 이렇게 결핍이 많은 것도 사실은 다 복입니다. 사람은 누구나 '제 복에 살게 마련'이라는 말이 있는데, 이는 진정 옳은 말입니다. 누구나 하느님께서 주시는 복으로 우리 자신을 채우며 살아가기 때문입니다.

근본적으로 인간은 행복을 바라며 사는 것이 아니라 강복을 청하며 살아가는 존재입니다. 그러므로 모든 이들이 행복하기를 바란다면, 이렇게 기도하십시오.

주님!
복이 필요한 이 땅의 모든 이에게 강복하소서!

08

빛과 소금에 관하여

- 너희는 세상의 빛이다. 마태 5,14
- 너희는 세상의 소금이다. 마태 5,13

너무나 잘 알려진 성경 구절입니다. 이 말씀은 대체 무슨 뜻일까요? 빛이 없으면 그 어떤 것도 볼 수 없고, 소금이 없으면 그 어떤 음식도 제맛을 내지 못하지요. 그러니 너희는 가서 빛과 소금처럼 세상에 꼭 필요한 존재가 되라는 뜻으로 이해할 수 있습니다. 또는 빛은 무엇인가를 태워 세상을 환하게 밝히고 소금은 자신을 녹여 맛을 내지요. 그러니 너희도 빛과 소금처럼 자신을 희생하여 타인을 위해 살라는 뜻으로도 해석해 볼 수 있습니다.

물론 또 다른 해석도 가능하겠지요. 그러나 우선은 예수님께서 이 빛과 소금을 말씀하시게 된 상황context을 살펴서 빛과 소금이 무엇을 상징하는지 따져보는 것이 좋겠습니다.

* * *

마태오 복음은 유다인을 대상으로 저술된 책입니다. 그들의 전통 신앙에 따르면, 하느님은 유다 민족을 거룩한 백성으로 선택하셨고, 그들에게 구원을 약속하셨습니다. 모세는 그 계약의 표징으로서 하느님께 십계명을 받았지요. 이스라엘은 조상들로부터 이어오는 하느님의 계명과 모세의 율법을 엄격히 지키고 따름으로써 하느님께서 약속하신 복을 받게 된다고 믿었습니다. 그들에게 복은 하느님께 대한 순종의 결과였던 것입니다.

유다인들의 율법은 고대 근동에서 아주 유별난 것이었지요. 정결례에 따라 자주 씻는 것도 그러했고 음식을 가려 먹거나 할례를 받는 일, 또 안식일을 지키고 우상을 만들면 안 된다는 관습도 다른 민족에게서는 찾아보기 어려웠습니다. 이런 율법이 그들에게는 자부심이었고 이방인들과 자신을 구별하는 징표이기도 했습니다. 말하자면 율법은 유다인에게만 주어진 특별한 선물이었지요. 그들은 그렇게 선택받은 백성이라는 선민의식을 바탕으로 율법을 모르는 이방인을 늘 경계하며 거리를 두었습니다.

그러나 세월이 흐르면 세상이 바뀌고 삶의 형식들도 변하게 마련입니다. 율법도 상황에 따라 달리 적용될 필요가 있었지요. 중요한 것은 율법에 담긴 근본정신이었습니다. 예수님께서는 율법의 규정을 형식적으로 따르는 것보다 생명을 살리고 인간을 이롭게 하려는 율법의 정신을 더 소중히 여기셨습니다.

그 결과 얼핏 보면 율법에 저촉된다고 오해받을 만한 일을 하기도 하셨습니다. 정결법이 정한 바와 달리 손을 씻지 않고 식사를 하신 적도 있고 안식일에 병자를 일으켜 세우기도 하셨으며 제자들이 안식일 규정을 어기고 밀 이삭을 뜯어 먹는 걸 두둔하시기도 했습니다.

유다인들은 이런 예수님이 못마땅했습니다. 그들은 대개 율법을 문자 그대로 지켜야 한다는 강박관념에 사로잡혀 있었기 때문입니다. 성경에는 우월주의에 빠진 바리사이들과 율법 학자들의 불만이 자주 나옵니다. 예수님께서 율법을 거스르는 듯이 말씀하거나 행동하시고, 이방인이나 죄인과 어울리시는 것이 탐탁지 않았던 것이지요. 그들은 예수님과 수시로 논쟁을 벌였고 주님과 제자들을 비난하곤 했습니다. 자신들만이 율법의 정신과 전통을 제대로 준수하는, 이른바 정통성을 지닌 사람이라고 내세우고 싶었던 것입니다.

* * *

마태오 복음은 그런 바리사이들이나 유다교의 원로들과 논쟁하시면서 그들을 겉과 속이 다른 회칠한 무덤 같다고 꾸짖는 예수님의 모습을 기록했습니다. 말은 그럴듯하게 하지만 실제로는 자기 이익을 챙기기 위해 계명을 어기는 일이 다반사라고 지적하신 것이지요. 다른 사람들 어깨 위에 무거운 짐을 올려놓고 자기들은 손가락 하나 까딱하지 않는다고 힐난하시기도 했습니다. 그러면서 예수님께서는 이렇게 덧붙이셨습니다.

> 불행하여라, 너희 위선자 율법 학자들과 바리사이들아! (…) 불행하여라, 너희 눈먼 인도자들아! 마태 23,15-16

예수님은 그들의 변질된 믿음을 콕 집어 지적하십니다. 그들에게 율법의 근본정신은 온데간데없고 형식적인 율법주의만 남았기 때문이었습니다. 예수님께서는 올바른 믿음을 세우기 위해 겉과 속이 다른 위선과 박제된 믿음에서 벗어나야 한다고 보았습니다. 바로 이때 제자들에게 비유를 들어 말씀한 것이 빛과 소금입니다

> 소금이 제맛을 잃으면 무엇으로 다시 짜게 할 수 있겠느냐?
> 마태 5,13

여기서 '제맛을 잃는다'라는 뜻으로 쓰인 단어는 '모라이노 μωραίνω입니다. 놀랍게도 '모라이노'는 맛과 관련된 말이 아닙니

1부 • 별과 보물　67

다. '어리석다' 또는 '어리석게 하다'라는 뜻을 가진 동사입니다.

가령 옛사람들은 지구가 우주의 중심이고 태양과 행성과 별이 그 주변을 회전한다고 믿었지요. 지구중심설은 우리 성경에도 합치하는 표현이 있을 만큼 고대의 익숙한 사고방식이었습니다. 옛사람들은 그런 프레임으로 이 세상을 바라보고 살아갔죠. 그런데 과학이 발전하면서 그게 아니라는 것이 밝혀졌습니다. 태양계의 중심은 태양이고, 지구는 태양에 딸린 한 행성이며, 태양계 자체도 우리 은하 중심의 블랙홀 주변으로 회전한다는 게 알려졌지요. 옛사람들이 생각했던 세계의 구조는 이제 의미를 잃었습니다. 그런데도 누군가 옛사람들의 생각을 고수하며 지구중심설을 주장한다면, 그는 단지 어리석을 뿐입니다.

'모라이노'는 이런 방식으로 어리석음이 드러날 때 쓰는 말입니다. 한때 통용되던 것이 의미를 잃으면, 그것에 집착했던 과거의 모습이 어리석어 보입니다. 하물며 이제는 무의미해진 것을 여전히 고집한다면 그 어리석음은 더 커 보이겠지요. 본래의 의미를 잃어 어리석음이 드러나는 상태, 이것이 바로 '모라이노'의 뜻입니다.

그러므로 예수님께서 제맛을 잃은 소금이라 말씀하신 것은 음식에 맛을 내는 조미료 소금에 관한 것이 아니라, 자기 삶의 의미와 정체성을 잃어버려 어리석게 된 사람을 비유하기 위해서입니다. 그렇게 자기가 누군지, 왜 사는지도 모르는 사람이 되어버렸으니 어찌 제대로 살 수 있겠느냐고 물으시는 것이지요.

* * *

빛에 관한 말씀도 마찬가지입니다. 빛의 정체성은 "집 안에 있는 모든 사람을 비추는 것"마태 5,14입니다. 빛이 제 역할을 못 하고, 밖을 비추는 대신 함지 속으로 숨어버린다면 더는 빛이 아닙니다. 빛의 본질과 의미가 사라지고 세상은 온통 암흑천지가 되고 말 것입니다.

율법학자나 바리사이들이 율법의 정신에는 관심이 없고 어떻게 지켜야 하는가만 따지면서 논쟁을 걸어오자, 예수님께서는 이들을 제맛을 잃은 소금에 비유하셨습니다. 이는 그들이 어리석다는 말씀이기도 하지요. 율법은 생명을 돌보고 인간을 보살피기 위해 하느님께서 주신 것이지만, 시대마다 그것이 적절히 적용되기 위해서는 유연성이 필요합니다. 그런데도 율법 규정을 기계적으로 지키려 한다면, 본래의 의미를 망각한 어리석은 짓이 되고 말 것입니다. 예수님께서 제맛을 잃었다모라이노고 말씀하신 것은 그런 율법주의자들의 어리석음을 일깨우기 위함이었습니다.

이런 배경을 살피다 보면 빛과 소금에 관한 복음 말씀이 무엇을 강조하고자 하심인지 알 수 있습니다. 바로 성령을 통해 보내주신 우리 신앙의 본성과 정체성을 잃어버려서는 안 된다는 가르침이지요. 특히 예수님께서 제자들을 모아 가르치신 일에서도 알 수 있듯이, 우리 신앙은 공동체를 기반으로 성장합니다. 그 공동체가 바로 교회입니다. 교회 역시 성령의 인도를 받는 것이고, 본

연의 의미와 역할이 주어져 있습니다. 따라서 우리가 교회 안에서 그 교회에 주어진 본질적 사명을 잘 깨닫고 지켜나갈 때 세상의 빛과 소금이 될 수 있다는 가르침입니다.

* * *

맛을 잃은 소금의 비유는 교회가 제맛을 잃어가고 있는 것은 아닌지 성찰하게 하는 말씀입니다. 오늘날 많은 이들이 더는 교회에 매력을 느끼지 못하고 교회가 전하는 하느님 말씀의 참맛을 잘 알지 못합니다. 비신자뿐 아니라 신자 여러분도 그러하지요. 이는 주님의 몸인 교회가 제 역할을 다하지 못한 탓이 큽니다.

말씀이 빠진 하느님의 교회는 점점 더 싱거워지고 맹탕이 되어가는 것은 아닌지, 또한 그 맑고 빛나던 사람들의 눈은 점점 더 흐릿해지고 빛을 잃어가고 있는 것은 아닌지, 진지한 반성이 필요한 때입니다.

참의미를 잃어버린 믿음은 변질된 신앙입니다. 우리에게 빛과 소금이 필요한 이유입니다.

교회의 정체성과 말씀의 참의미를 보존하는 것

빛과 소금의 역할입니다.

이런 맥락에서 빛과 소금은 신앙의 방부제입니다.

그러니 믿음의 본질을 잃어 신앙을 변질시키지 마십시오.

부디, 신앙의 방부제가 되십시오.

09
하느님의 공정에 관하여

　인간은 이중적일 때가 있습니다. 공정한 세상을 바라면서도 내게 이익이 된다면 내심 불공정하기를 바라기도 합니다. 어떤 이들은 아예 불공정을 공정으로 둔갑시키기도 하지요. 누구에게나 평등하고 공정하신 하느님을 바라면서도 최소한 악인들은 나와 똑같은 은총을 받아서는 안 된다고 생각할 때도 있습니다. 그런 생각에 갇힌 이들은 마태오 복음이 공평하신 하느님을 선포하는 걸 보고 아마 분개할 것입니다.

　그분께서는 악인에게나 선인에게나 당신의 해가 떠오르게 하시고, 의로운 이에게나 불의한 이에게나 비를 내려 주신다. 마태 5,45

불의한 이에게도 비를 내려 주시다니! 수석 사제들과 유다인들은 펄쩍 뛸 일이었습니다. 하느님의 선택을 받은 의로운 민족인 자신들에게 축복을 주시는 것이야 당연한 일이지만, 의롭지 못하다고 여기던 이방인들에게까지 똑같이 은총의 비를 내려 주신다는 것은 절대 용납할 수 없는 일이었기 때문입니다. 하지만 수석 사제들과 유다인들만 그럴까요? 실은 우리 자신도 불의한 자가 받는 축복에 의구심이 들곤 합니다. 대체 왜 하느님께서는 불의한 이에게도 은총의 비를 똑같이 내려주겠다고 하신 걸까요? 결론부터 말씀드리면, 하느님께는 의로운 이나 불의한 이나 사람이라는 점에서는 다 같기 때문입니다.

* * *

마태오 복음에서 '의로운 이'로 번역되는 '디카이오스 δίκαιος'는 그리스어 '디케 δίκη'에서 유래합니다. '디케'는 그리스 신화에서 정의의 여신 이름이기도 한데, 일상적 용법에서는 재판에서 죄를 물어 단죄하고 판결한다는 뜻을 가진 말입니다. 판결이 올바르고 정의로울 때 사회 정의가 확립되겠지요. 그런 연유로 '디케'에서 파생된 '디카이오스'는 자연스럽게 '의로움'이라는 의미로 이해되었습니다.

하지만 모든 판결이 공정하고 정의로운 것은 아니었습니다. 진신을 왜곡하는 재판도 있기 마련이지요. 사도행전 25장에는 수석 사제들과 유다인들이 감옥에 갇힌 바오로에게 유죄 판결디케이 내려지도록 요청하는 장면이 나옵니다. 바오로는 그에 대항하여 황제에게 상소하지요. 이 대목을 보면 '디케'가 반드시 의로운 판결만을 의미하지는 않는다는 사실을 알 수 있습니다.

그리하여 이 '디케'라는 말에서 의로움과는 정반대되는 말도 생겨났습니다. 마태오 복음 본문에서 사용된 '불의한'이라는 뜻의 그리스어 '아디코스$\alpha\delta\iota\kappa o\varsigma$'입니다. 이 단어는 앞서 보았듯 '판결하다'라는 뜻의 동사 '디케$\delta\iota\kappa\eta$'에다 부정 접두어 '아α'를 덧붙여 만들어 낸 말인데, 판결이 공정하지 못하다는 의미, 곧 '불의하다'라는 뜻을 갖게 되었습니다.

* * *

여기서 중요한 것은, '의로운 것디카이오스'과 '의롭지 못한 것아디코스'이 뜻은 정반대지만, 어원상으로는 하나의 뿌리에서 출발한다는 점입니다. 이것은 의로운 인간과 의롭지 못한 인간이 서로 다른 두 존재자가 아니라, 하느님께는 그저 사람 그 자체일뿐이라는 사실을 암시합니다. 다시 말해 하느님은 태초에 의인을 만드신 것이 아니라 사람아담을 만드셨습니다. 그 사람이 한순간 잘못된 판단이나 결정으로 불의한 자가 되더라도, 그가 하느님께서 직접 숨을 불어 넣어 만드신 사람이라는 사실은 변치 않습니다.

하느님에게는 의로운 이와 의롭지 못한 이가 별개의 존재가 아닙니다. 하느님께서는 인간을 창조하실 때 선인과 악인이라는 서로 다른 두 존재로 만드신 것이 아니라 그저 당신의 모습을 닮은 아담, 곧 사람으로만 창조하셨을 뿐입니다. 하느님은 당신께서 창조하실 때의 모습으로서 사람을 사랑하시는 것이지 인간의 행위와 그 결과에 따라서 사랑하고 말고를 결정하시는 분이 아닙니다.

하느님은 비록 어떤 이가 의롭게 잘 살다가 어느 순간 죄를 짓고 불의에 빠져도 그가 끝까지 불의한 이로 남을 것이라고 단정 짓는 분이 아니십니다. 그가 언제 다시 의로운 이로 돌아설지는 아무도 모를 일이기 때문입니다. 하느님에게 사람이란, 선인이나 악인으로 고정된 존재가 아닙니다. 당신을 닮도록 창조하시고 한없이 사랑하시는 하나의 인격체입니다.

그러므로 마태오 복음의 말씀은 하느님께서 의로운 이와 불의한 이를 구분하지 않으시고 모든 사람에게 해를 비추며 비를 내려 주신다는 진리를 전하고 있습니다. 수석 사제들과 유다인들이 하느님의 공평하심에 불만을 품었던 까닭은 사람을 사람으로 보지 않고 의인과 악인으로 구분 지어서 보았기 때문입니다. 실상 자기들도 대단한 의인이 아니면서 말입니다.

* * *

하느님께서 공정하신 이유는 사람을 사람으로 보시는 시선 때문입니다. 악인에게도 해가 떠오르게 하시겠다는 말씀은 그를 그저 사람으로 보신다는 뜻입니다. 하느님의 공정은 사람을 사람으로 소중하게 여기는 마음입니다. 인간을 있는 그대로의 모습대로 보아주시는 것이 그분의 공정입니다.

부자이거나 가난하거나, 잘났거나 못났거나, 잘나면 잘난 대로 부족하면 부족한 대로.

그저 사람으로 보아주시는 것

하느님의 공정은 당신 모상으로 창조된 인간에 대한 조건 없는 사랑입니다.

10

참된 일꾼에 관하여

수확할 것은 많은데 일꾼은 적다. 그러니 수확할 밭의 주인님께 일꾼들을 보내 주십사고 청하여라. 마태 9,37-38

예수님께서는 많은 고을을 두루 다니시면서 회당에서 가르치시고 하늘 나라의 복음을 선포하시며 병자와 허약한 이들을 고쳐 주셨습니다. 그러다 보니 예수님과 그분을 따르는 일행들은 너무 지치고 말았습니다. "사람들이 너무 많아 음식을 먹을 겨를조차도 없었"마르 6,31을 정도였습니다. 이렇게 애를 썼건만 주님의 손길이 필요한 사람들은 점점 더 많이 모여들었습니다. 그들은 "목자 없는 양들처럼 시달리며 기가 꺾여"마태 9,36 있었지요. 그 모습을 지켜보신 예수님은 가엾은 마음이 들었다고 성경은 기록하고 있습니다.

사람들을 돌볼 목자가 더 필요했습니다. 아마 그분께서는 더 많은 제자가 더 여러 고을로 파견되어 병자와 가엾은 자들을 돌보고 복음을 전하길 바라셨을 것입니다. 그래서 예수님께서는 열두 사도를 뽑으시고 주님의 권능을 위임하여 여러 고을로 파견하셨다고 마태오 복음은 증언합니다. 예수님께서 가지셨던 **착한 목자**pastor bonus**의 마음**요한 10,11.14 참조이 그렇게 나타난 것이겠지요.

이런 점에서 예수님께서는 분명 더 많은 목자가 더 많은 사람에게 파견되어야 한다고 생각했을 것입니다. 그런데 막상 제자들에게는 목자가 아닌 일꾼을 청하라고 하신 점이 조금 의아합니다. 목자와 일꾼은 그 의미가 비슷하면서도 다르기 때문입니다.

성경에서 말하는 일꾼은 대체 누구일까요? 그는 어떤 일을 하는 것이며, 그 일은 어떻게 성취되는 것일까요? 왜 예수님께서는 일꾼을 원하셨을까요? 성경이 언급하는 일꾼의 소임에는 깊은 의미가 있습니다.

* * *

마태오 복음이 '일꾼'이라는 뜻으로 사용한 단어는 '에르가테스'ἐργάτης입니다. '에르가테스'는 '에르곤'ἔργον에서 나온 말이지요. '에르곤'은 사람이 몸으로 하는 모든 행동을 일컫는 말입니다. '행동'·'행위'·'실천' 등을 말하고, 때로는 그런 행위의 결과로서 성취된 '일'을 말하기도 합니다. 성경에 자주 나오는 단어지요.

- 말이든 **행동**에르곤이든 무엇이나 주 예수님의 이름으로 하면서, 그분을 통하여 하느님 아버지께 감사를 드리십시오. 콜로 3,17

- 그러나 사람은 율법에 따른 **행위**에르곤가 아니라 예수 그리스도에 대한 믿음으로 의롭게 된다는 사실을 우리는 알고 있습니다. 갈라 2,16

- 그런데 요한이, 그리스도께서 하신 **일**에르곤을 감옥에서 전해 듣고 제자들을 보내어 마태 11,2

'에르가테스'는 바로 이 '에르곤'을 하는 사람, 행동하고 행위하고 일을 하는 사람, 곧 '일꾼'을 뜻합니다. 복음서에서 이 단어는 주로 농사와 관련해서 등장합니다. 밭에서 수확할 일꾼이라거나 포도밭에 필요한 일꾼, 가라지를 묶어 내놓고 알곡은 창고에 쌓는 일꾼 같은 예가 자주 나오지요. 이런 점은 복음서가 농경사회의 삶을 반영하기 때문일 것입니다.

옛말에도 농사는 천하의 근본이라는 말이 있듯이, 살아가는 데에 농사처럼 중요한 건 없었습니다. 땅을 일궈 곡식을 거두어야 빵을 먹을 수 있었고 가족을 부양하고 삶을 이어갈 수 있었으니까요. 최소한의 삶을 보장하는 제도가 별로 없던 고대 사회에서는 행여 농사를 망치기라도 하면 생존 자체가 위협받곤 했지요. 그런 점에서 일꾼의 노동은 생명을 살리고 삶을 보존하는, 참으로 위대한 활동이라고 하겠습니다. 성경은 이 일꾼들의 터전인 수확할 밭과 포도밭을 자주 하늘 나라와 연결지어 언급합니다.

- 하늘 나라는 자기 포도밭에서 일할 일꾼들에르가테스을 사려고 이른 아침에 집을 나선 밭 임자와 같다. 마태 20,1

- 하늘 나라는 겨자씨와 같다. 어떤 사람이 그것을 가져다가 자기 밭에 뿌렸다. 겨자씨는 어떤 씨앗보다도 작지만, 자라면 어떤 풀보다도 커져 나무가 되고 하늘의 새들이 와서 그 가지에 깃들인다. 마태 13,31-32

밭에서 일하는 일꾼들의 작업 과정에는 하늘 나라의 원리가 깃들어 있기 때문입니다. 일꾼들에게 똑같이 품삯을 나누어주시는 공정하신 하느님, 또 작은 계획조차도 풍성하게 일구어 온갖 생명을 살리시는 하느님, 이런 하느님의 사랑과 섭리가 일꾼들의 수고로운 노동을 통해 성취되어 갑니다.

그래서 일꾼의 노동은 당장은 인간적인 필요에 부응하는 활동 같지만, 실은 하느님의 일을 감당하는 것이기도 합니다. 나와 가족과 공동체를 위하는 노동은 동시에 하느님의 나라를 실현하는 노동입니다. 그러므로 성경 속 밭에서 일하는 일꾼뿐 아니라 오늘 이 세상의 모든 일꾼과 노동자들, 즉 에르가테스는 하느님의 일꾼입니다.

* * *

그런데 기억할 것이 있습니다. 일꾼들이 부지런하고 성실하게 일한다 해서 모든 일이 늘 뜻대로 되는 것은 아닙니다. 하다 보면 잘 풀릴 때도 있고 그렇지 않을 때도 있습니다. 탁월한 일꾼이 최선을 다해 공을 들인다 해도 일을 그르칠 수 있지요.

그래서 우리 선조들은 이렇게 말하기도 했습니다. '모사재인성사재천謀事在人 成事在天', 일을 계획하고 꾸미는 것은 사람이 할 노릇이겠으나 그 성공 여부는 하늘이 정한다는 말이지요. '진인사 대천명盡人事 待天命'이라는 격언도 있습니다. 사람이 할 수 있는 일을 다 해놓고 하늘의 뜻을 기다린다는 의미입니다. 물론 일을 도모하고 추진하는 인간적 노력을 강조하는 말이지만, 더불어 그 결과는 인간의 손을 넘어선다는 통찰과 안쓰러움도 함께 담아내고 있습니다.

우리 성경에도 이런 통찰이 나옵니다. 우선 사도행전의 한 구절을 볼 텐데요. 초대 교회 공동체는 급속히 성장했고 그 반작용으로 유다인들에게 숱한 핍박을 받았습니다. 대사제와 사두가이파들은 시기심에 가득 차 사도들을 공영 감옥에 가두었고 최고 의회에 세워 심문하기도 했습니다. 그때, 온 백성의 존경을 받는 위대한 율법 교사 가말리엘이 나서서 사도들을 이렇게 변호했습니다.

> 저들의 그 계획이나 활동에르곤이 사람에게서 나왔으면 없어질 것입니다. 그러나 하느님에게서 나왔으면 여러분이 저들을 없애지 못할 것입니다. 사도 5,38-39

일을 도모하는 것은 사람이지만, 그 일을 실제로 주관하시는 분은 하느님이라는 뜻이지요. 참으로 지혜로운 스승다운 이야기입니다. 잠언에도 같은 말씀이 나옵니다.

> 제비는 옷 폭에 던져지지만 결정은 온전히 주님에게서만 온다. 잠언 16,33

일꾼은 일을 도모하고 그 뜻을 이루기 위해 최선의 노력을 기울입니다. 그는 인간을 위해 일을 하지만 동시에 하느님의 일을 해나가는 것이지요. 하지만 능력이 뛰어나다거나 정성을 다한다고 해서 자만할 일이 아닙니다. 일의 최종 결과는 하느님께서 정하시기 때문입니다. 뜻밖의 결과가 생겨나 당혹스럽고 고통스럽더라도 그것은 내게 그럴 뿐 하느님께는 아닙니다. 오히려 하느님께서는 여전히 당신의 의도대로 이 세상의 일을 주관하고 계십니다. 내가 일하는 것 같지만, 실은 나를 통해 하느님께서 직접 일하시는 것입니다.

좋은 일꾼은 이런 사실을 바라보는 지혜의 눈이 필요합니다. 일을 통해 자신의 능력이 아니라 하느님의 능력을 증명할 수 있어야 합니다. 그러므로 참된 일꾼이 되기 위해 최선을 다하되, 늘 하느님께서 일을 성취하시도록 기도할 수 있어야 하겠습니다.

* * *

수확할 것은 많은데 일꾼은 적다. 마태 9,37

마태오 복음은 일꾼이 적다고 하십니다. 이는 좋은 일꾼을 찾아보기 어렵다는 뜻입니다. 자기 능력만 믿고 최선을 다하는 일꾼은 많으나, 그 일을 실제로 하시는 분은 하느님이라는 사실을 깨닫는 자가 적다는 뜻이지요.

예수님께 필요했던 일꾼은 그를 통해 당신의 능력을 발휘할 사람이었던 것입니다. 에르가테스는 그냥 자기 일만 하는 사람이 아니라 하느님의 도구로서 하느님의 일을 하는 일꾼, 그분께 기도하며 일하는 일꾼, 일의 결과를 하느님에게 온전히 내맡기고 신뢰하는 일꾼입니다. 예수님은 일 잘하는 사람이 아니라 기도하면서 일하는 사람이 필요하셨습니다.

참된 일꾼이란 기도하는 일꾼입니다.

우리는 기도하는 일꾼이 되길 청해야 합니다.

기도하는 일꾼만이 하느님의 능력을 펼칠 수 있기 때문입니다.

11

견딘다는 것에 관하여

예수님께서는 열두 사도를 뽑아 파견하시면서 행여 그들이 박해받지나 않을까 걱정하셨습니다. 제자들을 세상에 보내는 것이 마치 '양들을 이리 떼 가운데로 보내는 것'과 같다고 말씀하셨지요. 그러면서 항상 사람들을 조심하라고 당부하셨습니다 마태 10,16-17 참조. 또 만약 그들이 너희를 의회에 넘기고 회당에서 채찍질하더라도 용기를 내라는 말씀도 덧붙이셨지요.

끝까지 견디는 이는 구원을 받을 것이다. 마태 10,22

파견되는 제자들에게 끝까지 견디는 인내가 꼭 필요하다고 보신 것입니다. 하지만 여기서 견딘다는 말은 심한 고문이나 채찍질에 맞서 이를 악물고 참아내는 인내만을 의미하지는 않습니다. 마태오 복음이 말하는 이 견딤에는 더 깊은 의미가 깃들어 있습니다.

* * *

마태오 복음이 '견딘다'라는 뜻으로 사용한 단어는 '휘포메노 $ὑπομένω$'입니다. 이는 전치사 '휘포$ὑπό$'와 동사 '메노$μένω$'가 합쳐진 말이지요. 먼저 동사 '메노'부터 살펴볼까요? '메노'는 어느 장소에 오래 머물러 거주한다는 뜻입니다. 제자들을 파견하면서 예수님께서 하신 말씀 속에 이 동사가 등장합니다.

어떤 고을이나 마을에 들어가거든, 그곳에서 마땅한 사람을 찾아내어 떠날 때까지 거기에 **머물러라**메노. 마태 10,11

그리스어 성경 원문에는 '메이나테$μείνατε$'라고 되어 있는데, 이것은 '메노' 동사의 2인칭 복수 명령법이라서 '너희는 머물러라'로 번역되어 있습니다. 예수님은 제자들에게 전대에 금도 은도 구리 돈도 지니지 말며 여행 보따리나 여벌 옷도, 심지어 신발이나 지팡이도 지니지 말라시며 청빈과 무소유에 대해 강조하시면서도 다만, 마땅한 사람을 찾아내면 거기서 잘 머무르라고 당부하십니다.

어느 고을에 가든지 그곳에 잘 머물며 그곳 사람들과 잘 지내는 것이 복음 선포의 첫걸음이라고 생각하셨던 것이지요. 사람들과 먼저 인격적인 관계를 맺어 그들의 삶에 잘 스며들어야 신뢰가 생기고, 그런 믿음을 바탕으로 해야 비로소 복음이 잘 전달될 수 있습니다. 잘 머무른다는 말씀은 좋은 관계를 맺어 신뢰를 쌓으라는 말과 같습니다.

그러므로 머무름은 함께 거주함이고 이는 곧 관계 맺음입니다. 온전히 머물고, 깊숙이 머물고, 흔들림 없이 머물러야 친밀한 관계가 형성됩니다. 머무름 속에서 형성된 참된 친교야말로 선포된 복음에 생동감을 더해줍니다. 함께 머무르지 않는다면 복음을 전한다 해도 그것은 공허한 것이 되고 말 것이며 진심을 담을 수도 없을 겁니다.

* * *

다음으로 '메노' 앞에 덧붙인 전치사 '휘포'를 볼까요? '휘포'는 '~아래' 또는 '~에 의하여'라는 뜻이지요. 앞서 '메노'가 단순한 머무름이 아니라 관계를 형성한다는 뜻이라고 했는데, 이제 거기에 '휘포'가 더해지면서 그 의미가 더 강화됩니다.

그래서 '휘포메노'는 존재 아래로 더욱 깊이 침잠하고 본질 안으로 더 깊숙이 들어가 내려앉는 머무름, 단순히 함께 거주한다는 의미를 넘어서서 서로의 존재가 뿌리에서부터 일치를 이루는 더 근본적인 머무름을 나타냅니다. 우리말 성경은 이 '휘포메노'를 '견딘다'로 번역하고 있지만, 그것은 오히려 존재 자체이신 주님과의 인격적 관계 안에서 그분 안으로 들어가 '깊이 머무른다'라는 의미입니다.

마태오 복음은 '메노'와 '휘포메노'를 분명하게 구별합니다. 예수님께서 열두 사도를 파견하는 단락에서는 그냥 '메노'를 사용하여 제자들이 파견된 곳의 사람들과 인격적인 관계를 지향하라는 의미에서 '머물러라'라고 당부하십니다.마태 10,11 참조 그러나 그 파견된 제자들이 겪을 박해에 대해서는 '휘포메노'를 사용하여, 어떠한 환난에도 주님을 향한 더 깊은 머무름으로 '견디어 내라'고 하십니다.마태 10,22 이렇게 의도적으로 동사를 배치함으로써 의미를 확장하고 풍성하게 전개하는 것이지요.

루카 복음에도 '휘포메노'가 나옵니다. 여기서는 마태오 복음보다 그 어원적 의미가 더 분명히 드러나지요. 파스카 축제를 지내기 위해 부모님과 함께 예루살렘 성전에 들렀던 소년 예수님은 일행이 귀향길에 오른 후에도 홀로 성전에 남으셨습니다. 복음서는 이렇게 기록합니다.

> 그런데 축제 기간이 끝나고 돌아갈 때에 소년 예수님은 예루살렘에 그대로 **남았다**휘포메노. 루카 2,43

여기서 '남았다'로 옮긴 단어가 바로 '휘포메노'입니다. 아이가 없어진 것을 나중에야 깨닫고 사흘 만에 예루살렘으로 돌아온 부모님에게 소년 예수님은 그 성전이 자신의 '아버지의 집'이라고 말씀하셨습니다 루카 2,49 참조. 그곳이 원래 자신이 머물러야 하는 곳, 하느님과 더 깊은 관계 속으로 들어가게 해주는 곳, 그래서 하느님의 나라에 대한 희망을 키우는 곳이라는 점을 말씀하려 한 것이겠지요.

이렇듯 깊은 머무름은 한 곳에 남아 무언가를 희망하는 것이기도 합니다. '휘포메노', 즉 견딘다는 것은 우리가 주님과 인격적 관계를 맺고 그분 안에 깊이 머무르며 구원을 기다리고 희망하는 일이기도 합니다. 견디는 일은 관계 맺는 것이고, 관계 맺는 일은 그분 안에 더 깊이 머무른다는 것이며, 더 깊이 머무른다는 것은 새 하늘 새 땅을 기다리며 구원에 대한 희망을 간직한다는 뜻일 겁니다.

* * *

견딘다는 것은 희망한다는 것입니다.

견디어 냄은 희망하는 삶을 가능케 합니다. 그분 안에서, 그분을 붙잡고 끝까지 머무는 사람만이 구원을 볼 수 있기 때문입니다. 인내는 희망의 굳건한 토대입니다.

12

순교한다는 것에 관하여

초기 그리스도교는 숱한 박해를 받았습니다. 유다 사회에서는 저주받은 종파였고, 로마 당국으로부터는 불법 종교로 낙인찍히기도 했습니다. 신앙을 지키는 일은 때로 목숨을 걸어야 하는 위험한 모험이었지요. 실제로 신앙을 고수하다 죽임을 당하는 경우가 허다했습니다. 초기 그리스도교의 역사를 장식하는 순교 이야기는 이런 배경에서 나오게 되었습니다.

'순교'를 의미하는 그리스어는 '마르튀리온 μαρτύριον'인데, 이 말은 복음서에서 보통 '증언'이라고 번역됩니다.

너희는 나 때문에 총독들과 임금들 앞에 끌려가, 그들과 다른 민족

들에게 **증언**할 것이다. 마태 10,18

예수님을 그리스도로 고백했던 이들은 공개적으로 자신의 신앙을 증언하곤 했습니다. 때로는 선교를 위해서, 때로는 핍박에 맞서 신앙을 지키기 위해서 그리했지요. 담대한 신앙과 확신 가득한 증언 끝에 결국 죽음으로 몰려 순교하는 이들이 나타났습니다. 그런 연유로 순교와 증언을 같은 개념으로 부르게 된 것입니다.

순교에 대한 대중적 이미지는 잔혹한 죽임 장면과 연결됩니다. 교수형이나 태형, 짐승들의 먹잇감, 십자가 처형, 화형 이런 죽임의 방식들이 떠오릅니다. 하나같이 두려운 형벌이지만, 죽음에 임해서 그 두려움을 이겨낸 용기 있는 순교자들의 고결한 정신은 기억할 만합니다.

하지만 순교의 핵심은 그런 죽임의 방법이 아니라 순교자를 죽음으로 몰아간 그의 **증언**에 있습니다. 죽음을 무릅쓰고 용감하게 신념을 증언했던 그의 이야기가 순교로 이어졌기 때문이지요. 그래서 순교에는 본성상 이야기성^{서사, narrativité}이 들어있습니다.

* * *

(1) 진실을 위한 이야기

용감하게 증언하다가 순교한 첫 번째 인물은 스테파노입니다. 사도행전은 원로들과 최고 의회 의원들이 거짓 증인들을 내세워 스테파노에게 누명을 씌운 이야기를 기록하고 있습니다. 결국 스테파노는 돌에 맞아 순교했지요.^{사도 6,8-7,60 참조}

사람들이 스테파노를 앞에 두고 한 증언은 모두 위증이었습니다. 이를 반박하기 위해 스테파노는 아브라함 시대부터 이어진 조상의 일들을 되짚어 증언했습니다. 조상들이 어떻게 하느님과의 약속을 저버렸는지, 그 약속을 되살리려 한 선지자와 예언자들을 어떻게 무시하고 핍박했는지 조목조목 나열했습니다. 그러고는 하느님을 배반했던 조상들과 그리스도를 핍박하는 당대의 유다인들이 결국 똑같은 행동을 한다는 점도 빠뜨리지 않고 지적했습니다.

성경은 조상들의 일을 증언합니다. 스테파노는 이를 이어받아 자신이 체험했던 예수 그리스도에 관한 자신의 고백과 연결지었습니다. 거짓된 증언은 의인의 참된 증언을 낳았고, 거짓된 이야기는 누군가의 진실한 이야기를 낳은 것입니다. 증언과 증언이 맞물리면서 그리스도에 관한 진실이 더 또렷하게 모습을 드러내게 됩니다.

켜켜이 쌓여가는 증언은 진리를 찾아가는 이야기의 과정을 이룹니다. 이야기하는 과정에서 증언과 증언이 만나 진실이 차츰 드러납니다. 스테파노는 이처럼 진실을 위한 이야기의 과정을 차곡차곡 밟다가 순교에 이르렀던 것입니다.

그러므로 순교에 이르는 증언은 결국 진실에 대한 증언입니다. 증언은 아무 얘기나 무턱대고 하는 것이 아니라 **진실을 이야기**하는 것입니다. 진실은 감히 거부할 수 없는 힘의 원천이기에, 순교를 각오하더라도 증언은 진실만을 붙들고 나아갑니다. 이처럼 '진실은 침몰하지 않는다'라는 믿음은 순교의 이야기성과 맞닿아 있습니다.

(2) 나의 이야기

한편, 마태오 복음 다른 곳에도 '마르튀리온'이라는 단어가 나옵니다. 몸이 깨끗하게 된 나병 환자가 예수님을 찾아와 자신이 낫게 된 경위를 다른 사람들에게 어떻게 증언해야 하는지 물어보는 장면입니다. 그때 예수님께서는 아무에게도 말하지 말고 그저 "사제에게 가서 네 몸을 보이고 모세가 명령한 예물을 바쳐, 그들에게 **증거**가 되게 하여라"마태 8,4라고 말씀하십니다.

여기서는 깨끗해진 몸이 증거이고 증언입니다. 그 나병 환자에게 일어난 일의 가장 명백하고 확실한 증거가 바로 회복된 자신의 몸이지요. 이처럼 참된 증언은 바로 자기 자신의 이야기에서 출발합니다. 내가 직접 겪은 일, 내가 직접 행한 일, 이런 것만이 증언의 내용이 될 수 있습니다. 즉 증언은 본성상 **나의 이야기**입니다.

그런데 나를 이야기한다는 것은 여간 어려운 일이 아닙니다. 사실은 내가 나를 진실하게 바라보는 것조차 힘든 일이지요. 나의 시선과 판단은 온갖 욕망과 허영에 물들어 있기 쉽습니다. 실제 내 모습보다 더 근사한 인물로 나를 꾸며 내세우고 싶은 욕망을 떨치기 어렵습니다. 나는 내게 관대하고, 나는 나를 더 쉽게 편들고 포용합니다. 그리하여 내 눈에 비친 내 모습은 실제보다 훨씬 나은 사람인 경우가 많습니다. 내가 이해하는 내 모습과 타인의 눈에 비친 내 모습이 늘 다른 이유가 바로 이것이지요.

그러므로 나를 드러내어 이야기하려면 능력과 용기가 필요합니다. 내 모습을 있는 그대로 정직하게 바라볼 수 있어야 하고 내 허물과 못난 모습까지 감추지 않고 용기 있게 밝힐 수 있어야 하지요. 이런 진솔함과 용기가 증언을 증언답게 해 주며, 이것이 또한 순교의 시작입니다. 요컨대 순교란, **나를 정직하게 바라보고 용기 있게 이야기하는 것**입니다.

* * *

이런 맥락에서, 순교의 영성을 가장 잘 드러내는 성사는 고해성사입니다. 고해성사 안에서 우리는 진실을 증언하고 나를 이야기하기 때문입니다. 고해성사 안에서 죄 많은 나를 죽이고 또 죽이며 순교합니다.

이 시대를 진실이 사라진 시대라고 말하는 것은, 나를 진실하게 바라보고 나에 대해 솔직하게 이야기하지 않기 때문입니다. 나를 감추거나 포장하고, 과장이나 가식으로 이야기하는 세상에서는 진실을 이야기하는 것 자체가 순교에 가깝습니다.

진실하게 나 자신을 이야기하는 힘

지금이 바로 순교의 영성이 필요한 시대입니다.
순교한다는 것은 나의 진실된 이야기성을 되찾는 것입니다.

13

목숨에 관하여

마태오 복음은 사람의 목숨과 관련한 예수님의 말씀을 전합니다.

제 목숨을 얻으려는 사람은 목숨을 잃고, 나 때문에 제 목숨을 잃는 사람은 목숨을 얻을 것이다. 마태 10,39

목숨은 사전적으로 '사람이나 동물이 숨을 쉬며 살아있는 힘'을 말합니다. 목에 숨이 드나들어야 호흡이 유지되고 심장이 뛰어서 살아갈 수 있지요. 그래서 목숨은 무엇보다 몸의 생존, 즉 생물학적 차원에서 신체 활동이 유지되며 생존하는 상태를 의미합니다. 위태롭던 목숨을 건진 자는 생존하고, 목숨이 끊긴 자는 결국 죽음을 맞이합니다.

그런데 마태오 복음이 전하는 목숨 이야기는 이런 생물학적 삶이나 죽음과는 차원이 다릅니다. 여기서 '목숨'으로 번역된 그리스어는 '프쉬케ψυχή'인데, 이것은 '영혼'이라는 말로 더 자주 쓰입니다.

고대인들은 영혼이 생명의 원리라고 생각했습니다. 몸속에 영혼이 깃들면 살아 움직이고, 그 영혼이 빠져나가면 죽게 된다고 믿었지요. 그러나 이와 더불어 영혼은 어떤 정신적 원리라고 생각하기도 했습니다. 사람이 보고 듣고 느끼고 생각하는 모든 정신 활동을 영혼이 담당한다고 본 것이지요. 그런 점에서 '프쉬케'는 신체적 차원뿐만 아니라 정신적 차원도 포괄하는 말입니다. 마태오 복음이 목숨에 관해 말하는 이유도 그런 신체적 차원 이상의 것을 전달하고 싶어서입니다.

* * *

창세기를 보면, 하느님께서 사람을 창조하실 때, 흙으로 사람의 몸뚱이를 빚으신 후에 그 숨구멍으로 당신의 숨을 불어넣으셨습니다. 이때 하느님께서 불어넣어 주신 숨을 히브리어로는 '네페쉬נפש'라고 하는데, 이 말을 칠십인역 성경이 그리스어로 번역한 것이 바로 '프쉬케'입니다. 프쉬케가 몸속에 들어오자 흙덩이

였던 사람이 비로소 생명을 얻게 되었고 목숨이 붙어 있게 되었지요. 그런 점에서 프쉬케는 생명의 숨이라고 할 수 있겠습니다.

그렇게 생명의 숨을 받게 된 인간은 하느님의 명령을 거역하는 죄를 짓고 말았습니다. 우리가 다 아는 선악과 사건입니다. 그로 인해 최초의 인간은 하느님의 동산에서 추방되고 말았는데, 다행히 그 목숨만은 살려두셨다고 성경은 기록하고 있습니다. 다만, 그 대가로 인간은 목숨이 다할 때까지 "고통 속에서 땅을 부쳐 먹으며 양식을 먹기 위해 얼굴에 땀을 흘려야" 했습니다.창세 3,17-19 참조.

이 이야기는 두 가지 진실을 담고 있습니다. 첫째는 인간 삶의 비참함입니다. 삶은 고통스럽고 힘겨우며 결코 만만하지 않습니다. 우리 인간은 한평생 수고하고 애쓰면서 고통을 헤쳐 나가야 하지요. 땀 흘려 일해야 하고, 뜻대로 되지 않는 숱한 사건 속에서 제 삶을 보듬고 나아가야 합니다. 삶이 왜 이러냐고 원망하는 마음이 생길 법도 하지만, 창세기는 삶이 원래 그러한 것이라고 담담하게 일깨우고 있습니다.

그러나 이것이 이야기의 끝은 아닙니다. 창세기는 인간 삶의 비참함뿐 아니라 약동하는 삶의 가능성 또한 전해줍니다. 바로 하느님이 불어넣어 주신 목숨, 그분의 숨결에 관한 이야기입니다.

생명의 숨은 여전히 우리 속에 깃들어 있어서, 우리가 고통에 무너지고 삶의 고난에 좌초할 때에도 우리를 다시 일으켜 세우고 이 세상을 살아갈 힘을 줍니다. 인간은 그저 고통 속에서 땅을 부처 먹는 자가 아니라 내 생명을 불어넣어 주신 하느님을 발견하고 경외하며 그분의 힘에 의지하여 역경을 헤쳐가는 자입니다. 그래서 우리의 목숨, 프쉬케는 삶의 의지이자 하느님을 경외하는 영적인 힘입니다.

마태오 복음이 목숨을 이야기할 때, 그저 생물학적 생존만을 염두에 둔 것이 아닙니다. 삶을 살아가게 하는 생명의 힘, 하느님과의 관계 속에 머무르게 하는 영적인 능력이 우리 속에 깃들어 있음을 또한 일깨우려 한 것입니다.

기억해야 할 것은 인간의 목숨과 영혼, 곧 우리의 프쉬케가 하느님께서 불어넣어 주신 선물이라는 점입니다. 사람이 제 목숨을 함부로 할 수 없는 것은 목숨이 본래 하느님의 것이기 때문입니다. 목숨을 유지하는 자는 인간이지만, 그 목숨은 동시에 절대적이고 초월적 영역에 있는 것이기도 합니다. 이런 이유로 인간이 자신과 타인의 목숨을 마음대로 좌우하거나 조작해서는 안 됩니다. 오히려 인간은 자신의 목숨을 하느님께 맡기고 주어진 삶을 살아가는 존재일 뿐입니다. 그리스도교에서 목숨을 건다는 말은 자기 목숨을 하느님께 내어 맡기며 산다는 뜻입니다. 우리는 삶의 의지를 온전히 하느님께 의탁하며 살아가는 사람들입니다.

* * *

하지만 때때로 우리는 목숨이 내 것이라고 착각합니다. 이런 착각에 사로잡히면, 삶은 오로지 자신의 힘으로 헤쳐가는 것이라는 생각에 이르게 되지요. 내 삶의 주인은 오직 나 자신이며 내가 체험한 이 세계가 유일한 세계라는 그릇된 확신에 빠져듭니다. 그리하여 우리에게 생명의 숨을 불어넣어 주신 하느님이 들어설 공간은 사라지고 하느님과의 관계는 끊어지고 맙니다.

마태오 복음이 '제 목숨을 얻으려는 사람들'이라고 불렀던 자들이 바로 이런 사람들입니다. 자신의 영혼이 하느님의 선물임을 잊고 자신만을 믿으며 자신에게만 몰두하는 자들이지요. 이런 사람들은 결국 목숨을 잃을 것이라고 성경은 말합니다. 하느님께서 불어넣어 주신 생명의 숨을 망각한 채 살기 때문에 결국 삶의 생명력을 잃고 만다는 뜻입니다.

이와 달리 '나 때문에 제 목숨을 잃는 사람'이란, 목숨이 자기 것이 아니라 하느님의 것임을 아는 사람입니다. 이런 이들은 살아가면서 겪게 되는 온갖 수고로움과 고생의 보람을 기꺼이 하느님께 돌립니다. 목숨을 부지하며 살아가는 것 자체가 하느님의 선물임을 깨달아 늘 감사하는 마음으로 살아갑니다.

복음은 바로 그런 사람들이 결국 목숨을 얻을 것이라고 말씀하십니다. 비록 고난에 쓰러질지라도 하느님께서 사라지지 않는 생명의 숨을 주셨음을 기억하고 이를 통해 삶의 의지를 되살려 반드시 다시 일어나게 될 것이란 뜻입니다.

* * *

주님 때문에 목숨을 잃는다는 것, 이는 내 영혼을 주님에게 맡긴다는 뜻입니다.

내 영혼을 주님에게 맡긴다는 것, 이는 그분이 주시는 생명의 숨으로 다시 살아갈 힘을 얻는다는 뜻입니다.

그분께 목숨을 맡기면, 생명을 얻을 것입니다.

제 목숨은 당신에게서 왔으며 제 목숨 당신의 것이옵니다.

14

기다린다는 것에 관하여

오실 분이 선생님이십니까? 아니면 저희가 다른 분을 기다려야 합니까? 마태 11,3

감옥에 갇힌 세례자 요한이 제자들을 예수님께 보내어 물었던 물음입니다. 이 질문이 나오게 된 배경은 이렇습니다. 갈릴래아의 분봉왕 헤로데 안티파스는 본부인과 이혼한 후, 자기 동생 필리포스와 이혼한 헤로디아를 아내로 맞아들였습니다. 세례자 요한은 이 결혼이 모세의 율법에 어긋난다며 여러 차례 비난했고, 그 일 때문에 옥에 갇히고 말았지요 마태 14,3-12 참조. 죽음을 앞둔 요한은 자신이 그동안 광야에서 외쳐왔던 "내 뒤에 오실 분" 마태 3,11

이 과연 예수님이신지 문득 궁금해졌습니다. '그분이 아니면 어쩌나!' 하는 초조하고 불안한 마음이 생겼을 법합니다. 한편으로는 '정말 그분이 메시아라면, 감옥에 갇힌 나를 구해주실 수도 있지 않을까?' 하는 희망을 품었을지도 모릅니다.

세례자 요한이야말로 '오실 분'에 대한 기대와 희망이 누구보다 컸던 인물입니다. 그는 오실 분의 길을 예비하기 위해 광야에서 외치는 소리이기를 자처했으니까요. 그런 점에서 세례자 요한은 언제나 기다림의 인간이었습니다. 기다리는 심정이 오죽 간절했으면 제자들을 보내어 예수님께 물었을까요. '도대체 언제까지 기다려야 하느냐?'라는 그의 물음을 보면 간절한 기다림 끝에 엄습하는 다급하고 초조한 마음이 손에 잡힐 듯 생생하게 느껴질 정도입니다.

무엇 때문에 그는 그토록 간절하게 기다렸던 걸까요? 기다린다는 것은 대체 무엇을 의미할까요?

* * *

마태오 복음이 '기다린다'라는 뜻으로 사용한 단어는 '프로스도카오^{προσδοκάω}'입니다. 이것은 '바라본다'라는 뜻의 '도케우오^{δοκεύω}'와 '~에게 향하여'·'~와 함께'·'~앞에'라는 뜻의 전치사 '프로스^{πρός}'가 합쳐진 낱말입니다. 앞에 있는 어떤 대상을 바라본다는 뜻이긴 한데, 그냥 바라보는 것이 아니라 '그 대상을 향해서 주의를 집중하여 바라본다'라는 뜻입니다. 전치사 '프로스' 덕분에 의미가 더 강렬해진 것이지요.

성경에서는 주로 주님의 재림을 애타게 기다리는 장면에서 '프로스도카오'가 등장합니다. 주님께서 오실 하늘을 뚫어지게 바라보며 기다린다는 의미지요. 그래서 '프로스도카오'라는 말에서는 한껏 기대에 부풀어 한곳을 강렬하게 응시하는 뜨거운 시선이 느껴집니다.

- 하느님의 날이 오기를 **기다리고** 그날을 앞당기도록 해야 하지 않겠습니까? 2베드 3,12
- 우리는 의로움이 깃든 새 하늘과 새 땅을 **기다리고** 있습니다. 2베드 3,13

이 두 구절에서 '기다리고'로 옮긴 말이 바로 '프로스도카오'입니다. 엄마를 기다리는 아이의 눈빛처럼, 주님이 오실 하늘을 향해 시선을 고정하고 간절한 마음으로 뚫어지게 응시하는 모습이 그려지죠. 그 시선에는 기다리는 대상을 향한 간절함을 넘어 자신의 온 존재를 걸고자 하는 열정이 담겨있습니다. 다시 말해 가만히 앉아서 그냥 넋 놓고 기다리는 수동적인 기다림이 아니라 어떻게든 그날이 앞당겨지도록 노력하는 능동적인 기다림의 자세가 배어 있습니다.

＊ ＊ ＊

사도행전에서도 이 단어를 읽을 수 있습니다. 사도행전에 의하면 태어날 때부터 몸이 불편했던 어떤 사람이 있었는데, 사람들은 날마다 그를 '아름다운 문'이라고 하는 성전 문 곁에 들어다 놓았습니다. 성전에 들어가는 이들에게 자선을 청할 수 있도록 해 준 것이지요. 그러던 어느 날 베드로와 요한이 기도하기 위해 성전으로 올라가다가 그 사람을 만나게 되었습니다. 성경은 이때의 일을 이렇게 전합니다.

> 베드로는 요한과 함께 그를 유심히 바라보고 나서, '우리를 보시오.' 하고 말하였다. 그가 무엇인가를 얻으리라고 **기대하며** 그들을 **쳐다보는데**, 베드로가 말하였다. '나는 은도 금도 없습니다. 그러나 내가 가진 것을 당신에게 주겠습니다. 나자렛 사람 예수 그리스도의 이름으로 말합니다. 일어나 걸으시오.' 그러면서 그의 오른손을 잡아 일으켰다. 그러자 그가 즉시 발과 발목이 튼튼하여져서 벌떡 일어나 걸었다. 사도 3,4-8 참조

몸이 불편했던 그 사람은 무엇인가를 얻으리라는 간절한 기대를 품고 베드로와 요한을 쳐다보았습니다. 여기서 '쳐다보다'로 옮긴 말이 바로 '프로스도카오'입니다.

날 때부터 장애를 안고 태어났으니 얼마나 일어나 걷고 싶었

겠습니까? 얼마나 간절하게 자신의 장애가 치유되기를 바랐겠습니까? 베드로가 손을 잡아 일으키자, 그는 "벌떡 일어나 걸었다. 그리고 그들과 함께 성전으로 들어가면서 걷기도 하고 껑충껑충 뛰면서 하느님을 찬미하였다."사도 3,8-9라고 성경은 전합니다. 간절한 소망이 이루어지자 주체할 수 없는 환희가 그의 몸 안에 가득 차올랐던 걸 알 수 있습니다. 날마다 그를 성전 문에 들어 날랐던 사람들도 같은 마음이었습니다. 그가 일어나 걷자 모든 사람이 "그에게 일어난 일로 경탄하고 경악하였다."사도 3,10라고 합니다. 이렇게 절실하고 간절한 기다림, 주체하기 어려울 정도의 환희와 경악으로 맞이하는 기다림이 바로 '프로스도카오'입니다.

사실 감옥에 갇힌 세례자 요한의 마음도 이와 다르지 않았을 것입니다. 그가 그토록 기다려 온 '오실 분'이 예수님이시라는 걸 확인했더라면, 성전에서 벌떡 일어난 그 사람처럼 세례자 요한도 기쁨과 환희에 젖어 그 좁은 감옥에서 껑충껑충 뛰었을 것입니다. 마태오 복음은 '프로스도카오'라는 말을 통해 그의 기다림에 담긴 애타는 간절함을 더 생생하게 느끼도록 해 줍니다.

* * *

간절히 기대하며 바라보는 것

진정한 기다림은 벼랑 끝에 선 심정으로 간절히 기대하며 한

곳만을 바라보는 것입니다. 이러한 바라봄을 희망이라 부릅니다. 우리에게는 그런 간절함이 얼마나 있는지요. 성전에서 자선을 청했던 그 몸이 불편한 사람처럼, 감옥에 갇혀 죽음을 앞두고 메시아를 애타게 기다린 세례자 요한처럼, 우리도 정녕 간절하게 주님께서 이 땅에 오시기를 기대하며 기다리는지요. 우리 시대의 기대와 기다림을 되돌아보게 됩니다.

구원은 애타게 기다려온 이들에게 찾아옵니다.
구원은 자신을 낮추고 그분을 희망하는 이들에게 찾아옵니다.

<u>프로스도카오</u>

기다린다는 것은 절실하게, 너무나 절실해서 겸손한 마음으로 그분께 희망을 둔다는 것입니다.

15

씨 뿌리는 사람에 관하여

자, 씨 뿌리는 사람이 씨를 뿌리러 나갔다. 마태 13,3

마태오 복음 13장 전반부는 씨 뿌리는 사람의 비유를 전해줍니다. 이 비유는 공관복음 모두가 전하는 내용으로, 복음서는 친절하게 비유의 설명까지 덧붙여 놓고 있습니다. 비유의 내용은 이렇습니다.

어떤 사람이 씨를 뿌렸는데 그 씨가 어디에 떨어졌느냐에 따라서 결과가 달랐습니다. 길에 떨어진 씨는 싹을 틔우기도 전에 새들이 와서 먹어 버렸고, 돌밭에 떨어진 씨는 싹은 돋아났지만 뿌리를 내리지 못해 금세 말라 버렸습니다. 또 가시덤불 속에 떨어진 씨앗은 가시덤불이 자라면서 씨의 숨을 막아 자랄 수 없었지요. 그러나 어떤 것들은 다행히 좋은 땅에 떨어져 많은 열매를 맺게 되었다는 이야기입니다.

그런데 이 비유에서 씨는 무엇을 말할까요? 그리고 씨를 뿌리는 사람은 대체 누구일까요?

* * *

질문에 대한 답을 구하기 전에 잠시 '씨를 뿌린다'라는 단어를 좀 살펴보면 좋겠습니다. 복음서에서 씨를 '뿌리다'라는 뜻으로 사용된 그리스어는 '스페이로σπείρω'입니다. '스페이로'는 '스파오σπάω'에서 나온 말인데, 이는 무엇을 끌어당기거나 칼과 같은 것을 칼집에서 재빠르게 빼내는 동작을 의미합니다. 예수님께서 잡히시던 장면을 묘사하는 마르코 복음의 한 구절에 이 단어가 나옵니다.

> 그때 곁에 서 있던 이들 가운데 한 사람이 칼을 **빼어**, 대사제의 종을 내리쳐 그의 귀를 잘라 버렸다. 마르 14,47

칼집에서 칼을 빼내는 이 동작이 '스파오'입니다. 흥미로운 것은 이것이 팔레스티나 지역의 농경법과도 관련이 있다는 점입니다. 팔레스티나에서는 씨를 뿌릴 때, 씨앗이 담긴 바구니에서 씨앗을 낚아채듯 빼내어 땅에 재빠르게 흩뿌렸다고 합니다. 그 동작이 마치 칼집에서 칼을 빼내는(스파오) 것과 비슷해서 이런 파종법을 '스페이로'라고 부르게 된 것이지요. 성경에서 씨를 뿌린다고 할 때는 우리나라처럼 밭이랑에 조심스레 뿌리는 것이 아니라 칼을 빼내듯 흩뿌리는 동작을 말합니다.

이 스페이로식 파종법은 더 넓은 곳에서 더 많은 양의 열매와 수확물을 기대할 수 있다는 장점이 있지만, 발아하기 전에 벌레나 새가 씨앗을 먹어 버려 농사를 망칠 수 있다는 치명적인 단점도 있었습니다. 당시 팔레스타나 지역에서는 밭에 흩뿌리는 산파(散播) 방식이 주로 쓰였는데, 그것은 그 지역 땅이 비옥한 토질로만 된 것이 아니라 돌과 자갈, 덤불들이 함께 섞여 있는 토양이었기 때문입니다.

마태오 복음에서 씨앗이 길에도 떨어지고 돌밭이나 가시덤불에도 떨어진다고 말하는 까닭은 당시에 바로 이 스페이로 파종법으로 농사를 지었기 때문입니다. 팔레스티나 농부들의 체험이 그대로 반영된 이야기지요.

* * *

복음서는 이 비유의 의미도 자세히 풀이해 줍니다. 이에 따르면, 뿌려진 씨는 하늘 나라에 관한 말씀입니다. 하느님은 공평하신 분이어서 누구도 차별하지 않고 똑같이 말씀을 전해주십니다.

예수님을 통해서, 또 성경을 통해서 하늘 나라를 가르쳐 주셨지요. 그러므로 비유에서 씨를 뿌리는 사람은 아마도 하느님 자신일 것입니다. 농부가 온 밭에 골고루 씨를 흩뿌리듯, 하느님께서는 모든 사람에게 하느님 나라에 대한 복음을 들려주십니다.

그 씨앗을 받은 땅은 우리들의 마음이겠지요. 어떤 마음은 길과 같아서 하느님 말씀을 모실 준비가 되어 있지 않고, 오히려 악한 사탄의 먹잇감이 되기 쉽습니다. 또 어떤 마음은 돌밭과 같아서 말씀을 기뻐하며 받지만, 뿌리를 내리지 못하고 환난과 핍박을 만나면 아무렇지도 않게 말씀을 저버립니다. 세상 걱정과 유혹에 물든 마음은 가시덤불 같아서 하느님 말씀의 숨을 가로막고 열매를 맺지 못합니다. 좋은 땅은 하느님 말씀을 깨닫는 지혜로운 마음을 상징합니다. 씨앗과 같은 말씀이 풍성히 자라 큰 열매를 맺게 되지요.

이렇듯 복음은 이 비유의 의미를 명확하게 설명합니다. 이 설명을 듣다 보면, 나 자신은 어떤 땅인가 돌아보게 됩니다. 하느님 말씀이 겉도는 길바닥인지, 뿌리를 내리지 못한 돌밭인지, 하느님 말씀의 숨을 막는 가시덤불은 아닌지, 과연 내가 열매 맺는 좋은 땅인지 살피게 되지요. 당연한 이야기지만 나는 더 나은 땅이길 소망하고 주님께 의지하며 나를 더 좋은 땅이 되게 하려고 노력할 것입니다. 씨를 흩뿌리는 농부가 더 많은 열매를 소망하듯, 하느님께서는 우리가 더 나은 존재로 나아가서 말씀의 열매를 맺길 희망하실 겁니다. 그분의 바람대로 살아가는 것, 이것이 삶의 길임을 우리는 늘 고백하며 살아갑니다.

* * *

그런데 사도 바오로는 흥미로운 말씀을 기록해 두었습니다.

사람은 자기가 뿌린 것을 거두는 법입니다. 자기의 육에 뿌리는 사람은 육에서 멸망을 거두고, 성령에게 뿌리는 사람은 성령에게서 영원한 생명을 거둘 것입니다. 갈라 6,8

이 구절에서 사람은 그저 씨앗이 뿌려진 땅이 아니라, 오히려 씨앗을 뿌리는스페이로 자입니다. 자신의 육에 뿌리기도 하고 때로는 성령에게 뿌리기도 합니다. 우리 자신이 씨앗을 어디에 뿌리느냐에 따라 얻는 열매가 달라진다고 사도는 말씀하십니다. 이 말씀을 묵상하다 보면 우리가 하느님이 뿌리신 씨앗을 그저 받기만 하는 수동적인 땅이 아니라는 사실을 깨닫게 됩니다.

농부가 씨를 흩뿌리듯, 하느님께서는 모든 이에게 말씀을 들려주십니다. 그때 그 말씀을 듣는 우리는 다시 우리 내면의 땅 위에 그 씨앗을 뿌립니다. 하느님께서 말씀의 씨앗을 뿌리실 때 우리도 우리 내면에서 그 씨앗을 함께 뿌리는 것입니다.

내가 어떤 땅인지는 처음부터 정해진 것이 아닙니다. 놀부는 언제나 가시덤불이고 흥부는 늘 좋은 땅인 것이 아니지요. 우리는 매 순간 길일 수 있고 돌밭일 수 있고 가시덤불일 수 있으며 좋은 땅일 수도 있습니다. 그것을 결정하는 것은 하느님께서 주신 말씀의 씨앗을 내가 내 안의 어디에 뿌리는가에 달려 있습니다.

사도 바오로의 말씀처럼 우리는 뿌린 대로 거두는 존재입니다. 재물을 거두고 싶은 사람은 돈이 되는 곳에만 씨를 뿌립니다. 권력을 거두고 싶은 사람은 출세에 이익이 되는 곳에만 씨를 뿌립니다. 명성을 거두고 싶은 사람은 자기 명예를 세울 수 있는 곳에만 씨를 뿌립니다. 쾌락을 거두고 싶은 사람은 진지한 고민 없이 오직 즐기는 곳에만 씨를 뿌립니다. 우리가 뿌린 씨가 우리 자신을 만들며, 하느님이 열매가 맺힐지 아닐지를 결정합니다.

그러므로 씨를 뿌리는 자는 하느님이시면서 동시에 하느님과 더불어 일하는 우리 자신이기도 합니다. 하느님께서 씨를 뿌리실 때 우리도 함께 씨를 뿌리는 것입니다. 척박한 땅에 떨어진 씨앗이 열매를 맺지 못한 것은 하느님께서 잘못 뿌리신 탓도 아니고 우리가 원래 척박한 땅이어서도 아닙니다. 그것은 오직 우리가 우리 안의 척박한 곳에만 하느님의 씨앗을 뿌렸기 때문입니다.

* * *

그러므로 바로 우리가 하느님과 함께 씨를 뿌리는 사람입니다. 씨가 떨어진 곳을 보면 우리가 지금 무엇에 희망을 두고 사는지 그대로 드러납니다. 씨가 뿌려지는 곳에 씨 뿌리는 사람의 마음이 있기 때문입니다.

우리는 지금 어디에 씨를 뿌리고 있습니까?

16

보물에 관하여

마태오 복음 13장은 하느님 나라에 관한 여러 가지 비유를 전합니다. 그중 하나는 이렇습니다.

하늘 나라는 밭에 숨겨진 보물과 같다. 마태 13,44

그 보물은 참으로 귀하고 값진 것이었나 봅니다. 그것을 발견한 사람은 다른 사람들이 가져가지 못하도록 숨겨 두고 얼른 자기 집으로 돌아가 "가진 것을 다 팔아 그 밭을 산다." 마태 13,44 라고 성경이 말씀하실 정도니까요.

하늘 나라는 또 좋은 진주를 찾는 상인에도 비유됩니다. 보물을 발견한 사람처럼 좋은 진주를 찾는 상인 역시 값진 진주를 발견하고서 "가서 가진 것을 모두 처분하여 그것을 샀다."마태 13,46라고 복음서는 기록하고 있습니다.

예로부터 보석은 귀한 것이었지요. 금이나 은, 진주나 다이아몬드 같은 보석류는 그 자체로도 값지고 좋은 것이지만, 때로는 물질적인 귀중함을 넘어서서 더 깊고 풍요로운 의미를 표현하는 문학적인 상징이기도 합니다. 예수님께서는 어떤 가르침을 주시려고 하늘 나라를 보물과 진주에 비유하셨을까요?

* * *

'보물'로 번역한 그리스어 '테사우로스 θησαυρός'는 어원상 '~에 놓다'·'~에 두다'·'~에 담아두다'·'~에 누이다' 등의 뜻을 지닌 동사 '티테미 τίθημι'에서 유래했습니다. '티테미' 동사는 성경에 자주 등장합니다.

가령 아리마태아 출신의 요셉이라는 사람이 예수님의 시신을 받아 아마포로 감싼 다음 바위를 깎아 만든 "새 무덤에 모셨다."마태 27,60라고 할 때나, 예수님께서 죽은 라자로를 "어디에 묻었느냐?"요한 11,34라고 하실 때에는 무언가를 '놓아둔다'라는 뜻으로 사용되었지요. 또 예수님께서 당신의 수난과 부활을 예고하시면서 "너희는 이 말을 귀담아들어라."루카 9,44라고 하실 때에는 '새겨듣는다'라는 의미로 쓰이기도 했습니다. 무엇인가를 어느 장소에 잘 놓아두거나 담아둔다는 이런 용례에 비추어 볼 때, '티테미'의 중심 의미는 '보관'이나 '보존'이라고 하겠습니다.

그러므로 복음에 나오는 보물은, 그저 보석이나 귀금속을 뜻하는 것이 아니라, 잘 보관하고 소중하게 간직할 만한 가치가 있는 것을 뜻합니다. 루카 복음 12장에는 어리석은 부자의 비유가 나오는데요, 그는 자신이 수확한 소출을 소중한 보물로 여기며 그것들을 보관할 더 큰 곳간을 지었다고 합니다. 여기서 '곳간'이라고 번역한 '아포테케$\alpha\pi o\theta\eta\kappa\eta$'라는 낱말도 어근의 뿌리가 '테사우로스'와 같이 '티테미'에 있습니다. 곳간은 보관할 가치가 있는 것, 곧 보물을 잘 놓아두는 곳이란 뜻이 되겠지요. 소중한 것을 귀하게 여겨 정성스레 잘 보관할 때 비로소 보물이 되고 곳간이 된다는 것입니다.

물론 곳간이라도 다 같은 곳간은 아닙니다. 성경은 이렇게 말씀합니다.

> 독사의 자식들아, 너희가 악한데 어떻게 선한 말을 할 수 있겠느냐? 사실 마음에 가득 찬 것을 입으로 말하는 법이다. 선한 사람은 선한 곳간에서 선한 것을 꺼내고, 악한 사람은 악한 곳간에서 악한 것을 꺼낸다. 마태 12,34-35

여기서 곳간은 사람의 마음을 상징합니다. 그것은 선할 때도 있고, 악할 때도 있습니다. 선한 마음은 선한 말로 드러나고 악한 마음은 악한 말로 드러납니다. 마음에 담긴 내용이 그것의 선함과 악함을 결정합니다.

이것은 물건을 보관하는 곳간도 마찬가지입니다. 어떤 물건이 담겨있는지에 따라 곳간의 성격이 달라집니다. 귀중품이 그득한 보물창고일 수도 있고, 잡동사니 가득한 고물창고일 수도 있습니다. 누구나 자신이 선한 사람이기를 소망하듯이, 자신의 곳간 또한 보물창고이기를 바라지요. 그러면 보물이란 무엇일까요? 무엇으로 곳간을 채울 때, 그것이 비로소 보물창고가 될 수 있을까요?

* * *

결론부터 말씀드리자면 이 세상 모든 것이 보물입니다. 세상 만물은 하느님께서 지으셨기 때문입니다. 아무리 하찮아 보이는 것이어도 하느님께서 친히 본성과 존재를 부여하셨습니다. 풀 한 포기, 돌멩이 하나, 물 한 방울조차도 하나같이 귀하고 가치가 있으며 함께 어우러져 하느님의 역사가 펼쳐지는 이 세계를 이룹니다. 모든 사물과 생명은 그 자체로 존귀하고 값진 것, 바로 보물입니다.

그런데 이런 보물을 잡동사니로 만드는 것이 있습니다. 바로 우리 인간의 이기적인 욕망입니다. 우리는 이기적 욕망 때문에 사물과 생명을 착취하고 남용하며 그 본성과 존재를 파괴합니다.

그리하여 하느님이 세우신 창조 질서를 무력하게 만들고 말았지요. 무도하고 파렴치한 범죄입니다. 창조주 하느님을 찬양하며 빛나야 할 사물과 존재들은 쓰다 남은 쓰레기가 되어 함부로 버려지고, 잡동사니 무더기가 되어 아무렇게나 방치됩니다. 인간의 마음과 태도가 하느님이 지으신 세계를 끝없이 훼손해 온 것입니다.

우리의 마음과 태도가 이런 비극을 불러온 것이라면, 우리의 마음과 태도를 다시 돌이켜 창조 질서를 회복할 수도 있지 않을까요? 만약 우리가 하느님께서 지으신 모든 생명과 인간 존재의 의미를 충만하게 보존해 간다면, 세상 모든 것들은 자신의 본 모습을 다시 회복할 수 있지 않을까요? 분명 평화롭고 아름다운 창조 질서 속에서 하나하나가 보물이 되어 자신의 가치를 뽐내며 빛나게 될 것입니다. 바로 그곳이 하느님의 질서가 실현된 나라, 곧 하늘 나라입니다. '밭에 숨겨진 보물이 하늘 나라'라고 하신 말씀은 바로 이런 뜻입니다.

이 세계를 보물 가득한 참된 곳간이 되게 하는 이도 우리 인간이고, 반대로 잡동사니만 쌓인 고물창고로 만드는 이도 우리 인간입니다. 사물과 생명을 보물로 만드는 것도 인간의 마음과 태도이며 그것을 훼손하는 것도 우리 자신의 마음과 태도입니다. 성경의 다른 곳에서 "사실 너의 보물^{테사우로스}이 있는 곳에 너의 마음도 있다."^{마태 6,21}라고 기록하고 있는 것도 이러한 이유 때문입니다.

삶의 방식을 돌이켜 밭에 숨겨진 보물, 곧 세상 모든 사물과 생명을 소중히 여기며 애지중지 아끼고 잘 보존해야 한다는 것, 그리하여 우리 자신이 하늘 나라를 실현해 가야 한다는 것, 복음 말씀은 이 사실을 들려주고 계십니다.

* * *

밭에 숨겨진 보물에 관한 복음 말씀은 우리가 어떤 태도로 사물과 생명을 보존하며 살아가는지 되돌아보게 해 줍니다. 사물이 보물이게 하는 이는 나 자신이며, 이 세계를 그 자체로 선하고 좋은 곳간이게 하는 이도 나 자신입니다. 가진 것을 다 팔아서 보물이 숨겨진 밭을 산 사람은 사물의 가치를 제대로 알아보고 소중하게 여기는 진실한 마음을 가졌던 것입니다.

그러므로 인간의 마음은 보물이 보물로서 빛나게 해 주는 원천입니다. 사물의 참된 의미를 바라볼 줄 아는 특별한 지혜와 사랑과 영성이 바로 그것입니다. 보물이나 진주를 발견한 사람은 세계와 사물, 사람과 사건 안에 숨겨진 참된 의미를 발견한 사람입니다. 세계 안에 숨겨진 참된 의미를 발견할 수만 있다면 가진 것을 다 팔아도 아깝지 않을 것입니다.

숨겨진 참된 의미를 발견하는 것

하느님 나라는 우리 삶에 숨겨진 진정한 의미를 발견하게 되는 장소입니다.

어떤 것의 참된 의미를 발견하면, 그것은 나의 보물이 됩니다. 바로 그곳이 하느님 나라입니다.

17

용기를 낸다는 것에 관하여

용기를 내어라. 나다. 두려워하지 마라. <small>마태 14,27</small>

　호수 위를 걸어오시는 예수님을 유령이라 생각하여 겁에 질린 제자들에게 하신 말씀입니다. 마태오 복음이 '용기를 내라'라는 뜻으로 기록한 단어는 '타르세오 θαρσέω'입니다. 복음서 곳곳에서 자주 접하는 단어지요.
　예수님께서 중풍병자를 고쳐 주실 때 하신 말씀은 "얘야, 용기를 내어라."<small>마태 9,2</small>였고, 회당장 야이로의 딸을 치유해 주실 때도 "딸아, 용기를 내어라."<small>마태 9,22</small> 하셨으며 예리코의 눈먼 소경 바르티매오에게 건네신 말씀도 "용기를 내어 일어나게."<small>마르 10,49</small>였습니다.

사도행전에도 '타르세오'가 나옵니다. 바오로 사도가 율법 모독죄로 억울하게 체포되어 최고 의회에서 심문받는 대목이지요. 심문 도중 바오로는 자신이 바리사이라는 점을 밝히고, 죽은 이의 부활을 믿는다고 고백합니다 사도 23,6 참조. 이로 인해 바오로를 심문하던 의원들은 바리사이 출신과 사두가이 출신으로 갈라져 격렬한 논쟁을 벌였습니다. 분위기가 얼마나 험악했던지 그것을 지켜보던 천인대장이 "바오로가 그들에게 찢겨 죽지 않을까 염려"사도 23,10할 정도였다고 합니다. 그날 밤 큰 공포와 두려움에 떨고 있던 바오로에게 주님께서 나타나시어 격려해 주셨는데, 그때 하신 말씀 또한 "용기를 내어라."사도 23,11였습니다.

이처럼 두려움이나 겁에 질려 있는 이들에게 주님께서 희망과 힘을 북돋아 줄 때 사용하는 표현이 '용기를 내어라'입니다. 그런데, 용기를 낸다는 건 대체 무슨 의미일까요?

* * *

용기는 예로부터 훌륭한 덕목으로 칭송받았습니다. 위축된 겁쟁이보다 용기 있는 사람이 더 근사해 보이지요. 비겁하지 않고 용감하며 대범하게 상황에 맞서는 이런 성품은 사람이 타고나는 성향이라고 흔히들 말합니다. 그래서 용기 있는 사람이 따로 있고, 용기 없는 겁쟁이가 또 따로 있다고 생각하기도 하지요.

그런데 성경이 용기에 관해서 말씀하실 때는 늘 용기를 '내어라'라고 표현하십니다. 이는 누구나 자신의 내면에 용기를 가지고 있다는 걸 암시합니다. 갑자기 어디서 용기를 얻어오거나 받아오는 것이 아니라, 이미 나에게 있는 그 용기를 끄집어내거나 끌어올려야 한다는 뜻입니다.

용기가 있다 해서 겁이 사라지고 두려움을 모르게 되는 것이 아닙니다. 용기가 있기에 사태를 솔직하게 바라볼 수 있고, 그로 인해 오히려 두려움이 커지고 겁에 질리게 될 수도 있습니다. 용기의 진정한 가치는 그 두려움에 굴복하지 않는다는 데에 있습니다. 두렵고 무섭지만 그럼에도 불구하고 그 고난을 담대하게 받아들여 끝내 극복하고야 말겠다는 결의를 세우는 것, 바로 이것이 '용기를 내라'는 말씀의 참된 의미입니다.

용기란 내가 두려움에 직면했을 때 담대하게 나아갈 수 있게 하는 나의 내적인 힘입니다. '용기를 내라'는 말씀은 현재 직면한 두려움과 앞으로 예상되는 어려움을 기꺼운 마음으로 받아 안으라는 뜻입니다. 이런 점에서, '용기를 낸다'라는 뜻의 '타르세오'가 '기꺼이'라는 뜻의 '헤데오스 ἡδέως'에서 유래되었다는 사실은 결코 우연이 아닙니다.

가령 세례자 요한의 일화에서 우리는 이 단어를 만납니다. 헤로데가 동생의 아내를 차지하자 세례자 요한은 율법을 근거로 여러 번에 걸쳐 그 행동을 단죄했습니다. 헤로데는 성가신 요한을 죽이려 했으나 쉽게 실행에 옮기지 못했습니다. 군중이 두려워서입니다.마태 14,5 참조. 요한을 제거하면 그를 따르는 수많은 군중이 거세게 저항할까봐 걱정했던 것이지요. 겹겹이 밀려오는 두려움에 휩싸인 헤로데는 그래도 일말의 양심이 있었던지 요한의 충언을 새겨듣게 됩니다.

> 헤로데가 요한을 의롭고 거룩한 사람으로 알고 그를 두려워하며 보호해 주었을 뿐만 아니라, 그의 말을 들을 때에 몹시 당황해하면서도 **기꺼이**헤데오스 듣곤 하였기 때문이다. 마르 6,20

요한에 대한 양심에도 불구하고, 또 술렁이는 군중에 대한 두려움에도 불구하고, 그는 용기를 내어 요한의 직언을 기꺼이 들었다고 성경은 기록하고 있습니다. 못나고 옹졸한 헤로데였지만 이때만큼은 성경 말씀대로 용기를 내었고, 그래서 요한의 말을 기꺼이 받아들였던 것이지요. 이처럼 용기를 낸다는 것은 두려움에 굴복하지 않고 그 고난의 상황 속으로 기꺼이 진입해 들어가는 것을 말합니다.

* * *

고대 그리스 철학자 아리스토텔레스는 『윤리학』이라는 저서에서 인간의 행복에 관해 성찰하면서 '헤도네'라는 개념을 사용했습니다. 그에 따르면, 지적인 활동과 덕을 실천하는 노력을 반복하다 보면 이상적인 윤리적 태도와 품성이 형성된다고 합니다. 그가 말하는 행복은 이런 수련 과정을 거쳐 형성된 인간의 품성인데, 이런 상태에 도달한 사람의 마음에는 충만한 기쁨이 차오른다고 합니다. 행복의 정점에서 느끼는 이 벅찬 기쁨이 바로 '헤도네'입니다.

즉 '헤도네'란, 일시적이고 말초적인 쾌락으로 얻어지는 기쁨이 아닙니다. 오히려 육체적인 편안함을 포기하고 수고로움을 감수하며 고귀하고 가치 있는 행위를 선택할 때 비로소 얻게 되는 최종적 충족감이자 참기쁨입니다. 바로 이 부분이 용기와 기쁨이 만나는 지점이지요.

인간이 두려움을 이겨내고 기꺼이 고난 속으로 들어서는 까닭은 그것이 더 숭고하고 가치 있는 일이기 때문입니다. 내 존재의 모든 힘을 기울여 고난을 이겨내려는 인간의 의지는 그 사람을 더욱 성숙하고 풍요로워지게 합니다. 이처럼 고난 속에서도 더 나은 가치를 향해 기꺼이 나아가는 사람은 용기 있는 사람이며 고난을 기쁘게 받아들이는 사람입니다.

그러므로 용기를 낸다는 것은 고난에 기꺼이 들어선다는 뜻이고, 기꺼이 들어선다는 것은 고난을 헤쳐가는 그 모든 수고로움을 기쁘게 받아들이며 살아간다는 뜻입니다. 내 삶을 더 고귀하게 해 주고 더 나은 것이게끔 해 주는 가치를 실현하기 위해 역경과 고난을 기쁜 마음으로 마주하는 사람, 바로 이런 이가 용기를 내는 사람입니다.

그럼에도 불구하고

용기란 '그럼에도 불구하고' 기꺼이 선택할 수 있는 마음입니다. 용기 있는 사람은 많은 어려움과 손해에도 불구하고 기꺼이 자신을 버릴 수 있는 사람입니다. 용기 있는 사람은 많은 두려움에도 불구하고 하느님을 기꺼이 받아들일 수 있는 사람입니다.

* * *

용기를 내라는 예수님의 말씀은 기꺼이 살아내라는 뜻입니다. 용기 있는 자만이 하루를 기꺼이, 기쁨에 넘쳐 살아갈 수 있습니다. 좋은 일만 생겨서 기쁜 것이 아니라 난감한 상황에 놓이더라도 기꺼이 받아들일 수 있는 용기가 우리에게 필요합니다. 용기를 낸다는 건 내 앞에 펼쳐진 모든 것에서 주님의 뜻을 기쁜 마음으로 찾겠다는 결심입니다.

주님의 뜻을 당장은 모르겠더라도, 그럼에도 불구하고, 기꺼이 주님의 부르심에 응답하는 것.

우리는 그분의 힘에 의지하여, **그럼에도 불구하고** 용기 내어 살아가는 사람들입니다.

LAUDATE JESUM

2부

쓸모없는 종

저 쓸모없는 종은
바깥 어둠 속으로 내던져 버려라.
– 마태 25,30

καὶ τὸν ἀχρεῖον δοῦλον ἐκβάλετε
εἰς τὸ σκότος τὸ ἐξώτερον

01

도움을 청한다는 것에 관하여

주님, 저를 도와주십시오. 마태 15,25

이것은 호되게 마귀가 들린 딸을 둔 가나안 부인이 외친 한 마디였습니다. 벙어리 영이 들린 아들을 둔 아버지도 그녀와 같은 호소를 한 적이 있지요: "이제 하실 수 있으면 저희를 가엾이 여겨 도와주십시오."마르 9,22

'도와주십시오'라고 청하는 이들의 외침을 들으면, 그야말로 지푸라기라도 잡아보려는 심정으로 간절히 매달리는 모습이 연상됩니다. 성경은 가나안 부인이 예수님께 나아와 엎드려 절까지 했다고 기록하고 있습니다마태 15,25 참조. 모든 것을 내던지고 자신을 완전히 낮출 만큼 절박했던 것이지요. 그녀의 딱한 사정과 애타는 마음을 떠올리면 안쓰러운 연민이 차오르기도 합니다. 성경은 가나안 여인의 이 간절한 외침을 '도와주십시오'라고 번역하고 있는데, '돕다'라는 뜻의 그리스어 동사는 '보에테오βοηθέω'입니다.

* * *

'보에테오'는 큰소리로 외치는 '함성' 혹은 '아우성'^{야고 5,4 참조}이라는 뜻의 '보에βοή'와 '뛰다'·'달리다'를 뜻하는 '테오θέω'를 합친 복합동사입니다. 원래는 전쟁 용어로, 호메로스의 서사시 『일리아스』에서 지원군의 모습을 묘사할 때 나옵니다. 그러니까 위기에 몰린 아군을 도우러 온 지원군이 함성^{보에}을 내지르며 전장으로 힘껏 달려^{테오} 들어가는 모습을 나타내는 의성어 겸 의태어였던 것입니다. 이렇게 도우러 온 지원 부대를 '보에토스βοηθός'라고 불렀는데, 사도 바오로는 이 말을 주님께 적용합니다.

주님께서는 나를 **도와주시는 분**^{보에토스}이시니 나는 두려워하지 않으리라. ^{히브 13,6}

세상의 주인이신 주님이 도와주러 오신다니 얼마나 든든한 지원군이겠습니까? 그러니 나는 정말 두려울 것이 없겠지요. 이처럼 보에테오는 막강한 힘과 능력을 바탕으로 위기와 고난에 처한 사람들을 구조하고 도와준다는 것을 의미합니다.

누군가 '도와주십시오'라고 외친다면 우선은 도움을 청하는 이에게 시선이 고정되고 그를 향한 연민이 일어나겠지만 이내 우리 관심은 과연 누가 도와줄 것인가, 도움을 주실 분은 누구인가로 옮겨가기 마련입니다. 앞서 사도 바오로가 히브리서에서 인용한 시편 구절 역시 도와주시는 분에 초점을 맞추고 있습니다.

> 주님께서 나를 **위하시니**보에토스 나는 두렵지 않네. 사람이 나에게 무엇을 할 수 있으랴?
> 주님은 나를 **도우시는 분**보에토스이시니 나를 미워하는 자들을 나는 내려다보리라.
> 주님께 피신함이 더 낫네, 사람을 믿기보다, 주님께 피신함이 더 낫네. 시편 118,6-8

요컨대, 도움의 기원이 어디인지, 누가 우리를 도우러 오시는지를 깨닫는 것이 중요합니다. 도움은 항상 주님에게서 오고 인간은 그 도움을 받는 존재이지요. 시편은 다시 한번 도움의 기원에 관하여 노래합니다.

> 내 도움은 어디서 오리오? 내 도움은 주님에게서 오리니 하늘과 땅을 만드신 분이시다.

그분께서는 네 발이 비틀거리지 않게 하시고 너를 지키시는 그분
께서는 졸지도 않으신다.
주님은 너를 지키시는 분, 주님은 너의 그늘, 네 오른쪽에 계시다.
낮에는 해도, 밤에는 달도, 너를 해치지 않으리라.
주님께서 모든 악에서 너를 지키시고 네 생명을 지키신다.
나거나 들거나 주님께서 너를 지키신다, 이제부터 영원까지.

시편 121,2-8

이처럼 도움이란, 근원적으로 하늘과 땅을 만드신 분께서 인간을 지키시는 것을 두고 하는 말입니다. 곤경에 처한 비참한 인간을 구하시고 수렁에서 건져내어 보호하시는 것, 그것이 바로 주님의 도우심입니다.

* * *

'도와주십시오'라는 여인의 외침을 들을 때 우리의 시선이 여인에게만 머물러서는 안 됩니다. 바로 주님을 바라볼 수 있어야 합니다. 그분이야말로 도움의 근원이시고 도울 수 있는 능력을 지니신 분이시며, 기꺼이 우리를 도우실 분이시기 때문입니다. 우리가 청원할 때 주님은 마지못해 도움을 주시는 것이 아닙니다. '보에테오'라는 말처럼 지원군이 함성을 내지르며 달려오듯, 주님께서는 기꺼이 우리에게 오십니다. 그분의 존재와 능력과 사랑

을 다 기울여 우리의 울부짖음을 들으시고 답을 해 주시지요.

어찌 보면 하느님께서는 우리가 도움을 청하기도 전에 먼저 우리를 애타게 부르고 계실지도 모릅니다. 주님께 청할 때 문제가 해결되리라는 걸 미리 아시기에, 우리가 주님을 어서 바라봐 주길 간절히 기다리고 계실 것입니다.

도움을 주실 때 그분에게서 울려 퍼지는 함성은 우리 존재를 돌보러 오시는 환희의 표현이며, 기가 꺾인 우리에게 용기를 불어 넣어 주시는 기쁨 가득한 노래일 것입니다. 애초에 그분께서 우리를 애타게 기다리시기에, 우리가 그분 품에 달려들어 부르짖게 되는 것이겠지요. 어찌 되었든 '도와주십시오'라고 말씀드리면, 그분은 우리를 지켜주시기 위해 한달음에 달려오실 것이 분명합니다.

마태오 복음은 이런 사실을 미처 깨닫지 못한 제자들의 모습을 함께 전합니다. 여인이 주님 뒤에서 '도와주십시오'라고 간절히 외칠 때, 제자들은 주님께 다가와 이렇게 말합니다.

저 여자를 돌려보내십시오. 우리 뒤에서 소리를 지르고 있습니다.
마태 15,23

매정하고도 어리석지요. 도움의 원천이 주님이시라는 사실을 제대로 이해하지 못하고 믿음으로 받아들이지도 못한 모습입니다. 제자들과 달리, 그 가련한 여인은 어려울 때마다 우리를 지켜

주시고 곤경에서 구해주실 분이 바로 주님이심을 굳게 믿었습니다. 그리고 이 믿음이 그 여인을 구원하게 됩니다. 주님께서는 이렇게 말씀하셨습니다.

아, 여인아! 네 믿음이 참으로 크구나. 네가 바라는 대로 될 것이다. 마태 15,28

이 여인처럼 주님께서 도움의 원천임을 믿고 그분께 간절히 청하면, 주님께서는 마치 함성을 지르며 진군하는 병사처럼 한달음에 달려와 반드시 응답해 주실 것입니다.

* * *

우리는 항상 도움을 주시는 분께 시선을 두고, 우리를 지켜주시려는 분의 이름을 외쳐야 합니다. 그분께 어서 와 주십사 도움을 청하는 사람은 이 시편을 자주 노래하게 될 것입니다.

- 하느님, 어서 저를 구하소서.
  주님, 어서 저를 도우소서. 시편 70,2
- 내 도움은 주님에게서 오리니,
  하늘과 땅을 만드신 분이시다. 시편 121,2

도움을 청한다는 것

그것은 도움의 근원이 그분께 있음을 믿고 고백하는 일입니다.

02

교회를 세운다는 것에 관하여

내가 이 반석 위에 내 교회를 세울 터인즉,
저승의 세력도 그것을 이기지 못할 것이다. 마태 16,18

마태오 복음은 반석 위에 교회를 세우시겠다는 예수님의 말씀을 전합니다. 여기서 '이 반석'이라고 지칭하신 것은 다름 아닌 사도 베드로입니다. 요한 복음에는 예수님께서 시몬에게 '케파'요한 1,42라는 이름을 부여하시는 장면이 나옵니다. 아람어 '케파'는 '바위'나 '돌'을 뜻하는 말로, 이것을 그리스어로 번역한 것이 바로 '페트로스Πέτρος', 우리말 성경 표현으로는 '베드로'입니다. 그러니까 베드로의 원래 이름은 시몬이었는데 주님께서 그를 교회의 반석으로 세우시면서 베드로, 곧 '반석'이라는 이름을 그에게 주신 것이죠.

따라서 '이 반석 위에 내 교회를 세우시겠다.'라는 말씀은 예수님의 첫 제자이자 사도들의 으뜸인 베드로에게 주님의 백성을 맡겨 최초의 교회를 세우게 하신다는 뜻입니다. 이 말씀에 이어 예수님께서는 베드로 사도에게 "하늘 나라의 열쇠"마태 16,19까지 맡기시지요. 그래서 교회는 하느님의 백성을 하늘 나라로 인도하는 권위와 자격을 얻게 되었습니다. 오늘날 우리 교회가 선포하는 교도권은 이처럼 성서에 기초합니다. 그러므로 하느님의 백성들은 이 반석을 중심으로 하나로 일치하며 굳건한 교회 공동체를 이루어 나갑니다. 이는 '이 반석 위에 교회를 세운다'라는 말씀을 교회론적인 관점에서 바라보는 해석입니다.

하지만 이와 다른 해석도 가능합니다. 교회의 반석, 곧 역사적 기원과 권위의 유래 등에 주목하는 교회론적인 관점과 달리, 교회의 본질에 초점을 맞추어 해석하는 존재론적인 관점이 있습니다. 사도 바오로가 바로 이런 관점에서 교회를 이해했지요. 이에 따르면, 교회는 살아있는 그리스도의 몸이며 우리는 그 안에서 살아가는 존재입니다. 교회를 세운다는 것은 교회의 이런 본질을 이 땅 위에서 실현한다는 뜻이 되겠지요.

요컨대, 그 위에 교회를 세운 '반석'에 중점을 두느냐, 교회를 '세우는 것' 자체에 중점을 두느냐에 따라 교회를 바라보는 관점이 달라집니다. 그렇다면 바오로 사도는 교회를 세운다는 것을 어떻게 이해했을까요?

* * *

예수님께서 교회를 '세운다'라는 뜻으로 사용한 동사는 '오이코도메오 ^{οἰκοδομέω}'였습니다. 이 말은 집이나 건물 따위를 '짓고 건설한다'는 뜻입니다. 복음서에서 자주 접하는 단어인데요. 포도밭 소작인이 "포도밭을 일구어 울타리를 둘러치고 포도 확을 파고 탑을 **세웠다**."마르 12,1라는 말씀이나 예수님의 가르침을 "듣고 실행하는 이는 모두 자기 집을 반석 위에 **지은** 슬기로운 사람과 같을 것이다."마태 7,24라는 말씀에 '오이코도메오'가 나옵니다. 이런 의미에서 보자면, 교회를 세운다는 것은 일차적으로 건물로서의 성전 건축을 가리킨다고 하겠습니다.

그러나 사도 바오로는 교회를 단순한 건축물로 보지 않았습니다. 오히려 교회의 본질은 사람들의 모임이라고 보았습니다. '교회'를 나타내는 그리스어는 '에클레시아 ^{ἐκκλησία}'입니다. 이 말은 원래 어떤 목적을 공유하는 사람들의 단순한 회합이나 모임을 지칭하기 위해 쓰던 일상 용어였습니다.

구약성경에서 유다인들은 자신을 가리켜 '하느님의 백성'이라고 했는데, 불러서 소집했다는 뜻을 강조하기 위해 히브리어 동사 '카할 ^{קהל}'을 썼습니다. 칠십인역 성경은 이를 '에클레시아'로 옮겼는데, '카할'에 상응하는 그리스어 동사가 '칼레오 ^{καλέω}'이고 이 역시 부른다는 뜻입니다. 다시 말해 칠십인역 성경이 말하는 에클레시아는 단순 모임이나 집단이 아닌, 하느님께서 불러낸 에크칼렌,ἐκκάλην 민족이라고 해석할 수 있습니다.

그런데 사도 바오로는 이 용어에 포함된 민족적 개념을 털어내고, 대신 '하느님이 불러 모으신 공동체'라는 개념으로 새롭게 이해하였습니다. 구약성경에서 '하느님의 백성'을 뜻하던 말이 바오로 사도에 와서는 '하느님의 교회'를 뜻하게 되었습니다. 민족 단위에서 쓰던 말을, 이제 하느님을 따르는 공동체에 적용하게 된 것입니다.

그러면서 그는 구약성경에서 미처 발견하지 못했던 새로운 통찰을 하게 됩니다. 바로 그리스도의 신비체 개념이지요. 이에 따르면, 그리스도는 교회의 머릿돌이며 우리는 "그리스도의 몸이고 한 사람 한 사람이 그 지체"1코린 12,27입니다. 교회란 이 지체들의 조화로운 모임이자 공동체로서 그리스도의 몸에 비유됩니다.

우리는 세례와 믿음을 통해 그리스도의 지체가 됩니다. 그리고 공동체 속에서 성령의 은혜에 힘입어 서로 조화를 이루며 서로를 인정하고 존중하며 살아가게 됩니다. 요한 복음에 나오는 유명한 비유처럼 우리는 주님이라는 포도나무에 달린 가지들이고 서로 협력하여 열매를 맺는 것이지요.

나는 포도나무요 너희는 가지다. 내 안에 머무르고 나도 그 안에 머무르는 사람은 많은 열매를 맺는다. 요한 15,5

사도 바오로는 가는 곳마다 교회 공동체를 세웠습니다. 우리가 잘 아는 갈라티아 교회, 코린토 교회, 테살로니카 교회가 다 그런 공동체입니다. 바오로는 이런 공동체를 염두에 두고 자신을 "지혜로운 건축가"1코린 3,10에, 우리를 "하느님의 건물"1코린 3,9에 비유했습니다. 이 구절에 쓰인 '하느님의 건물'이 바로 '오이코도메오'의 명사형인 '오이코도메οἰκοδομή'입니다.

그러므로 사도 바오로의 관점에서 교회란 건축물로서 성당을 말하는 것이 아니라 그리스도와 일치를 이루며 성령과 더불어 교제하는 사람들의 공동체였던 것입니다.

* * *

사도 바오로의 생각에 따르면 교회를 세운다는 것은 서로가 친교를 나누며 그리스도와 하나가 되는 공동체를 조직하고 꾸려간다는 의미입니다. 이러한 의미를 받아들일 때, 우리의 내면은 변화할 수밖에 없습니다. 그런 점에서 사도 바오로는 오이코도메오를 존재론적이고 인격적인 차원에서 통찰했던 것입니다. 가령 사도는 이렇게 말합니다.

지식은 교만하게 하고 사랑은 **성장하게** 합니다. 1코린 8,1

놀랍게도 여기서 '성장하다'로 번역된 말이 '오이코도메오'입니다. 이는 건축물을 세우고 짓는 행동이 아니라 우리의 내적 성숙을 가리키는 말입니다. 다시 말해 교회의 신앙이 우리의 삶을 올바르게 이끌고 우리의 품성과 덕을 바르게 세운다는 뜻이지요. 교회를 세운다는 것은 이처럼 우리가 삶의 태도를 바꿈으로써 더 나은 삶을 향해 성장하고 성숙한다는 것을 함의합니다.

교회의 지체들 한 사람 한 사람의 성장이 모여 또한 교회 자체가 성장하기도 합니다.

> 여러분이 함께 모일 때에 저마다 할 일이 있어서, 어떤 이는 찬양하고 어떤 이는 가르치고 어떤 이는 계시를 전하고 어떤 이는 신령한 언어를 말하고 어떤 이는 해석을 합니다. 이 모든 것이 교회의 **성장**오이코도메에 도움이 되어야 합니다. 1코린 14,26

각자가 받은 은사는 다르지만 서로 조화롭게 화합할 때 각자의 성숙과 더불어 교회의 성장도 일어난다는 것이지요. 이렇게 본다면 교회를 세운다는 것은 주님께서 우리를 불러내시고 우리가 인격적으로 성장하도록 끊임없이 돌보시며 이를 통해 모두가 함께 발전하도록 한없는 자애를 베풀어 주신다는 의미라 할 것입니다. '오이코도메오'의 이러한 의미가 하느님의 구원 경륜을 가리키는 용어 '오이코노미아$^{oikovo\mu ia}$'와 관련이 있는 것도 우연은 아닙니다.

그러므로 교회는 단지 건물만도 아니고 교계제도만도 아니며 사람들의 단순한 모임만도 아닙니다. 교회의 본질은 주님과의 인격적인 만남에 있습니다. 더 나은 삶을 살아가도록 도우시는 그분의 은총에 기대어 주님 안에 머물고 주님의 사랑 속에서 성장하며 주님과 일치하는 것, 이것이 교회를 세우는 일의 본질입니다.

* * *

예수님께서 세우신 교회를 저승의 세력도 감히 이기지 못하는 이유는 전능하신 주 하느님께서 우리를 항상 감싸주시고 지켜주시기 때문입니다. 그분의 돌봄이 우리를 굳건하게 세워주시고 성장시켜 주시기 때문입니다.

'교회를 세운다'는 것은 주님께서 우리를 돌보시어 '성장시켜 주신다'라는 뜻입니다. 교회를 세우는 일은 곧 우리 자신을 바로 세우는 일입니다. 교회를 세우신 주님께서는 당신의 교회를 성장시키시고 그 교회를 통해 우리도 성장시켜 주십니다. 그러므로 교회는 오늘도 여전히 '세워지고' 있는 현재 진행형에 있습니다. 교회에 속한 나 자신이 오늘도 '성장하고' 있고 내일은 더 '성장해' 나갈 것이기 때문입니다.

주님은 지금도 교회를 세우고 계십니다.

03

걸림돌에 관하여

예수님께서 자신이 당할 수난과 죽음, 부활에 관해 일러주시자, 제자들은 당황했습니다. 특히 베드로는 그 말씀을 받아들이지 못했습니다. 오히려 주님께 그런 일이 절대 일어나지 않을 거라고 말씀드리며 상황을 부정하려 들었지요. 그러자 예수님께서는 "너는 하느님의 일은 생각하지 않고 사람의 일만 생각한다."마태 16,23라면서 핀잔을 주셨는데, 그 무게가 놀랍습니다.

사탄아, 내게서 물러가라. 너는 나에게 걸림돌이다. 마태 16,23

누구보다 사랑하던 스승에게 이런 말을 들었으니 베드로는 매우 민망하고 서운하였을 것입니다. 아무리 잘못했다 하더라도 당신을 따랐던 첫 제자, 심지어 교회의 반석이라고 이름까지 지어주셨던 그 제자에게 사탄도 모자라 걸림돌이라니요! 예수님께서는 어찌 그리 모질고 거칠게 그를 몰아세우셨을까요? '걸림돌'이라는 심한 표현까지 쓰시다니, 어찌 된 일일까요?

* * *

마태오 복음에 나오는 '걸림돌'의 그리스어 단어는 '스칸달론 σκάνδαλον'입니다. 부도덕한 사건이나 불명예스러운 평판 또는 추문을 가리키는 '스캔들'이 이 말에서 유래되었습니다. '스칸달론'의 어원은 분명치 않으나 '무릎을 굽힌다'라는 뜻의 '캄프토 κάμπτω'라는 동사에서 파생한 것으로 봅니다.

'캄프토'는 사람이 무릎을 꿇는 모습을 단순히 묘사하는 단어로서, 필리피서의 그 유명한 '그리스도 찬가'에 등장합니다.

> 그리하여 예수님의 이름 앞에 하늘과 땅 위와 땅 아래에 있는 자들이 다 무릎을 꿇고 예수 그리스도는 주님이시라고 모두 고백하며 하느님 아버지께 영광을 드리게 하셨습니다. 필리 2,10-11

그런데 사람은 꼭 승복할 때에만 무릎을 꿇는 것이 아닙니다. 걸림돌에 넘어져 본의 아니게 무릎을 꿇기도 합니다. 장애물에 걸리면 똑바로 걷지 못하고 비틀거리다가 넘어지기 마련이지요. 성경은 이러한 걸려 넘어짐을 '유혹'에 빠지거나 죄를 범하는 것에 비유하곤 합니다. 그리스 로마 신화에는 미의 여신 비너스와 군대의 신 마르스가 위험한 사랑을 나누다가 비너스의 남편이 파놓은 함정에 걸려드는 이야기가 나옵니다. 그들을 모두의 조롱거리로 만든 그 덫이 바로 스칸달론이지요.

이런 맥락에서 보자면, 예수님께서 베드로에게 "너는 나에게 걸림돌"마태 16,23이라고 하신 말씀은 모멸감을 주는 표현입니다. 베드로가 예수님을 부끄럽게 만든다는 뜻이기 때문입니다. 그러나 성경에는 놀랍게도 이 걸림돌이 완전히 다른 의미로 사용되는 곳도 있습니다.

보라, 내가 시온에다
걸려 넘어지게 하는 돌스칸달론을,
부딪쳐 쓰러지게 하는 바위를 놓는다.
그를 믿는 이는 부끄러운 일을 당하지 않으리라. 로마 9,33

사도 바오로의 이 로마서 구절은 믿음이 부족한 북이스라엘의 잘못된 열성을 질책한 이사야서 말씀을 인용한 것입니다. 하느님께서 그릇된 사제들과 예언자들 앞에 걸려 넘어지게 하는 돌을 놓겠다는 내용이지요. 여기서 걸려 넘어지게 하는 돌이 바로 스칸달론입니다. 그런데 통상적인 의미에서 스칸달론은 걸려 넘어진 자가 수치와 조롱의 대상이 되는 걸림돌이지만, 로마서에서는 반대로 부끄러운 일을 당하지 않도록 하는 돌이라는 겁니다. 이사야 예언자도 이와 같은 맥락에서 이해합니다: "보라, 내가 시온에 돌을 놓는다. 품질이 입증된 돌 튼튼한 기초로 쓰일 값진 모퉁이돌이다."이사 28,16 즉 주님께서 시온에다 놓으실 그 돌은 장애물로서가 아니라 '시험으로 단련된 돌에벤 보한, אבן בחן'로서, 품질이 입증된 돌입니다.

이사야서와 로마서의 맥락에서 스칸달론, 곧 걸림돌이란 우리를 쓰러뜨리려는 돌이 아니라 쓰러진 우리를 일으켜 세우는 돌입니다. 그 돌은 우리를 부끄럽게 만들기보다 오히려 부끄러움을 당하지 않게 하는 돌입니다. 시련을 주는 것이 아니라 시련으로 단련시켜 품질이 입증되게 하는 돌입니다. 고난에만 머물지 않고 고난을 딛고 나아가게 하는 용기와 위로의 돌입니다. 그 돌은 "값진 모퉁잇돌"이사 28,16로서, 인간이 비록 어떤 장애물에 걸려 넘어지더라도 다시 일어설 수 있도록 하는 버팀목입니다. 스칸달론은 이제 더 이상 걸림돌이 아니라 디딤돌입니다.

* * *

베드로 사도의 첫째 서간도 스칸달론을 긍정적인 의미로 기록했습니다. 교회의 기초가 되는 살아있는 돌로서, 이 선택된 값진 모퉁잇돌에 의지하는 사람은 누구나 다른 것에 걸려 넘어진 몸을 일으켜 세울 수 있으며, 결코 "부끄러운 일을 당하지 않을 것"1베드 2,6이라고 명시한 것이지요. 이는 베드로 자신이 몇 번이나 걸려 넘어진 후에 얻은 깨달음이었습니다.

그렇습니다. 스칸달론이란, 최초에는 인간이 걸려 넘어지고 마는 유혹의 돌이자 장애물일 수 있습니다. 그러나 인간은 걸려 넘어졌을 때 비로소 자신의 나약함을 깨닫고 자신을 지탱할 더 강한 돌을 찾게 됩니다. 인간은 다시 일어서기 위해 더 튼튼한 돌에 의지하고자 하며 그 돌에 의지할 때 비로소 툭툭 털고 일어날 수 있습니다. 인간은 여러 번 걸려 넘어지고 나서야 비로소 성장하여 단련된 돌이 됩니다.

저 돌이 지금은 나의 발을 걸어 넘어뜨리지만 예수 그리스도라는 머릿돌을 붙잡고 일어서는 한, 나는 기어이 다시 일어나 "품질이 입증된 돌"이사 28,16이 될 것입니다. 스칸달론은 나를 넘어뜨리는 시련의 돌인 동시에 나를 단단하게 만드는 단련의 돌입니다. 베드로라는 반석은 비록 수도 없이 걸려 넘어졌지만 참회의 눈물로 다시 일어선 단련된 반석입니다. 회심한 베드로는 그 단련의 돌을 통해 "내 양들을 돌보아라."요한 21,16라는 사명을 받고 결국에는 교회의 튼튼한 기초가 되었습니다.

* * *

예수님께서 베드로에게 다소 거친 표현으로 걸림돌스칸달론이라

하신 것은 어쩌면, 지금은 비록 네가 걸림돌에 불과하지만 나중에는 참회하는 반석 위에 당신이라는 귀한 돌을 다시 세우시겠다는 속뜻이 있으셨던 것은 아닐런지요.

그러므로 우리는 지금 당장 넘어지더라도 다시 일어서는 한, 주님의 귀한 돌입니다.

걸림돌에 걸려 넘어질 것을 두려워하지 마십시오. 지금은 걸림돌일지 몰라도 그 걸림돌은 우리를 더욱 단단하게 만드시려고 주님께서 마련하신 구원의 초석이 될 것이기 때문입니다.

04

변한다는 것에 관하여

그들 앞에서 모습이 변하셨는데, 그분의 얼굴은 해처럼 빛나고 그분의 옷은 빛처럼 하얘졌다. 마태 17,2

마태오 복음은 예수님의 변모 사건을 전합니다. 제자들을 데리고 높은 산에 오르시자 갑자기 얼굴에서 빛이 나고 옷은 하얗게 변하면서 눈부신 광채가 났습니다. 그때 모세와 엘리야가 불현듯 나타나 예수님과 대화를 나누기 시작했지요. 잠시 후에 하늘에서 소리가 들려왔습니다.

이는 내가 사랑하는 아들, 내 마음에 드는 아들이니 너희는 그의

말을 들어라. 마태 17,5

제자들이 놀라 얼굴을 땅에 대고 엎드렸다가 고개를 들어 주변을 살펴보니, 모세와 엘리야는 사라지고, 주님이 혼자 계셨습니다. 예수님께서는 이 일을 알리지 말라고 당부하셨지요.

마태오 복음에서 모습이 '변하였다'라는 뜻으로 사용한 단어는 '메타모르포오 $\mu\varepsilon\tau\alpha\mu\rho\phi\acute{o}\omega$'입니다. '모르포오 $\mu\rho\phi\acute{o}\omega$'는 동사로, 어떤 모양을 갖춘다는 말입니다. 앞에 붙은 '메타 $\mu\varepsilon\tau\acute{\alpha}$'는 여러 가지 뜻을 함축하는 접두사인데, 여기서는 전환의 의미를 강조합니다. 다시 말해 모습이 전환되어 이전과 달라졌다는 점을 부각하는 말이지요. 모습이 변했다는 의미에서 흔히들 '변모'라는 말을 사용하곤 합니다.

* * *

예수님의 변모는 예수님의 정체가 드러나는 사건입니다. 마태오 복음은 '얼굴이 해처럼 빛났고, 옷이 빛처럼 하얗게 되었다'라는 말로 주님의 정체를 드러내고 있습니다.

우선, '얼굴이 빛났다'라는 모티프는 구약성경의 모세 일화를 떠올리게 합니다. 모세가 시나이산에서 십계명을 받고 내려왔을 때, 아론과 그 백성들이 모세를 바라보니 "그 얼굴의 살갗이 빛나고 있었다."탈출 34,30라고 하지요.

그런데 칠십인역 성경을 살펴보면 모세 얼굴이 빛났다데독사스메네,$\delta\epsilon\delta o\xi\alpha\sigma\mu\acute{\epsilon}\nu\eta$는 표현은 수동태지만, 마태오 복음에서 예수님의 얼굴에 빛이 났다엘람프센,$\acute{\epsilon}\lambda\alpha\mu\psi\epsilon\nu$는 표현은 능동태로 되어있습니다. 그러니까 모세의 얼굴이 빛난 것은 외부 요인에 의한 것이지만, 예수님의 얼굴이 빛을 발한 것은 자기 본성에 의한 자체발광이었던 것입니다. 실제로 성경은 이렇게 말합니다.

> 모세는 주님과 함께 말씀을 나누어 자기 얼굴의 살갗이 빛나게 되었으나, 그것을 알지 못하였다. 탈출 34,29

모세 얼굴의 발광은 하느님을 뵙고 말씀을 들었기 때문에 나타난 결과일 뿐이었습니다. 하지만 예수님은 하느님 당신과 같은 분이시기에 스스로 빛을 발했던 것이지요.

한편 눈부시게 빛나는 하얀 옷은 곧 하느님을 상징합니다. 구약성경은 이렇게 묘사합니다.

> 내가 보고 있는데 마침내 옥좌들이 놓이고 연로하신 분께서 자리에 앉으셨다. 그분의 옷은 눈처럼 희고 머리카락은 깨끗한 양털 같았다. 다니 7,9

옥좌에 앉으신 연로한 분은 하느님을 나타냅니다. 눈처럼 하얀 옷은 하느님의 신성을 표시하지요. 또 위경 중에 에녹서가 있는데, 예수님 시대 유다인에게는 아주 인기 있는 문헌이었습니다. 거기에는 이런 표현이 나옵니다.

> 그리고 위대한 영광께서 그 위에 좌정하셨습니다. 그분의 옷은 태양의 형상 같았으며 어떤 눈보다도 더 눈부시고 더 하얬습니다.
> 1에녹 14,20[1]

여기서 큰 영광 역시 하느님입니다. 해와 같이 빛을 발하고 눈보다 하얗다는 것은 신성의 고유한 상징이었습니다. 예수님 시대의 유다인에게 이런 상징은 아주 익숙했지요. 그래서 마태오 복음이 예수님의 "얼굴은 해처럼 빛나고 그분의 옷은 빛처럼 하얘졌다."마태17,2라고 기록한 것을 들으면, 그분이 하느님과 같은 분이시고 신성을 지니신 분임을 누구나 알아차렸던 것입니다. 마태오 복음은 이렇게 전형적인 상징을 동원하여 그분의 신성을 표현하고도 모자랐는지 하늘에서 들린 소리까지 기록하여 그분이 하느님의 아들이심을 분명히 밝혀두었습니다.

이처럼 예수님의 변모 사건은 그분이 갑자기 신으로 변한 것이 아니라 그분의 본성이 본래 신이라는 사실을 명확하게 제시합니다. 예수님의 이 **변모**메타모르포오를 통해 제자들과 우리는 하느님의 현존을 직접 마주하게 됩니다.

◇◇◇◇◇

1　송혜경, 『구약외경 1』, 한님성서연구소, 2018, p.133

* * *

그런데 이 사건에서 흥미로운 것은 신성을 드러내신 예수님 곁에 모세와 엘리야가 등장한다는 점입니다. 위대한 선지자였지만 그들은 신이 아니라 인간이었습니다. 예수님의 신성이 발현되는 순간, 그 자리에 왜 인간이 등장하는 걸까요?

그 이유는 모세와 엘리야가 하느님을 만난 후 근본적인 변화를 체험한 인물이기 때문입니다. 두 사람은 모두 어떤 고난을 겪었고 그 고통 속에서 하느님을 뵈었으며 그를 통해 자신의 삶을 근본적으로 전환했다는 공통점이 있습니다.

모세는 이집트인을 죽인 일로 파라오에게 쫓기는 신세가 되었습니다. 미디안 땅으로 피신하여 광야에서 양 떼를 치다가 호렙산에 올라가게 되었고, 불타는 떨기나무에서 하느님을 만났습니다 탈출 3,1-6 참조.

엘리야는 바알 예언자들을 죽인 일 때문에 이제벨에게 쫓기는 신세가 되자 광야로 나가 차라리 죽고 싶다고 하느님께 애원합니다. 그러다가 그 역시 호렙산에 가게 되었고 그곳 동굴에서 하느님을 뵈었습니다 1열왕 19,1-18 참조.

모세와 엘리야 모두 쫓기는 신세였고 죽을 위험에 처해 있었으며 자기 자신을 숨기고 어디론가 피신하였을 때 하느님을 만났습니다. 두 사람 다 하느님의 부름을 받았지요. 처음에는 거부하고 회피하려 했으나 결국엔 소명을 수용하고 새로운 삶으로 거듭났습니다.

요컨대 두 사람 모두 절망 속에서 하느님을 만났고 새로운 삶을 향해 다시 일어설 수 있었습니다. 하느님의 현존을 체험함으로써 그들에게 주어진 소명을 알게 되었고 그에 응답하여 변화된 삶을 살았던 것이지요.

그리고 지금 예수님의 변모 현장에서 그들은 다시 한번 하느님의 현존을 마주하고 있습니다. 하느님의 현존을 체험한 후 그들이 어떻게 살았는지를 제자들과 우리에게 새삼 일깨워 주기라도 하는 듯이 말이지요.

* * *

그렇습니다. 하느님의 현존은 이 방 안에 책과 연필이 있듯 나와 무관하게 그저 별 의미 없이 덩그러니 있다는 뜻이 아닙니다. 모세와 엘리야에게 그러셨듯이 하느님께서는 자기 현존을 드러내심으로써 인간을 새로운 소명으로, 새로운 삶의 양식으로 초대하십니다. 절망에 빠진 우리 앞에 나타나시어 손을 내밀고 우리가 기어코 변화할 힘을 주십니다. 그분의 현존은 우리를 변화로 이끄시는 능력이며 새로운 삶을 향해 오라는 초대입니다.

인간은 하느님의 부르심에 응답하는 존재입니다. 그분의 현존을 마주하면서, 그분이 주시는 소명에 귀 기울이고 하느님과 함께 하는 삶, 하느님 뜻에 어울리는 삶을 살아야 하는 존재입니다. 이웃을 섬기고 세상 모든 피조물이 조화롭게 살아가도록 애써 노력하라고, 하느님께서는 지금 이 순간에도 우리에게 요구하십니다. 비록 그 부르심에 곧장 응답하기가 망설여지고 때로는 피해 달아나고 싶겠지만, 모세와 엘리야도 그러한 고난을 겪었다는 사실을 잊지 말아야 합니다.

마태오 복음이 전하는 변모 사건은 하느님의 현존을 우리에게 직접 증언합니다. 주님의 변모를 통해 우리는 하느님의 변함없는 현존을 체험하게 되며, 그분의 한결같은 부르심을 듣게 됩니다. 그 부르심에 우리의 온 존재를 던져 응답할 때에야 비로소 우리는 참된 인간으로 변모할 수 있을 것입니다.

변함없는 하느님의 현존을 마주하는 것

변모란, 변함없는 사랑을 만나 나 자신이 변화되는 것입니다.
변모란, 주님을 떠나 살다가 잃어버린 내 존재의 뿌리를 찾는 일입니다.
그분의 신성한 변모가 나의 참된 변모로 이어집니다.

그러므로 주님의 변함없는 부르심을 발견하고 경청하여, 마침내 응답하십시오.

05

타이르는 것에 관하여

네 형제가 너에게 죄를 짓거든, 가서 단둘이 만나 그를 타일러라.
마태 18,15

죄지은 형제를 어찌 대해야 할지에 대해 예수님께서 하신 말씀입니다. 루카 복음은 형제가 죄를 지었을 때는 당연히 꾸짖어야 하겠지만, 만약 그가 회개한다면 몇 번이든 용서하라고 말씀하십니다 루카 17,4 참조. 대처 방법이 단순 명쾌하지요. 그와 달리 마태오 복음은 타이름의 과정을 단계적으로 상세하게 나눠 설명합니다. 처음엔 단둘이 만나 조용히 타이르고, 말을 듣지 않으면 한 두 사람을 더 데려가서 다시 타이르고, 그래도 안 되면 교회에 알리라는 것이지요. 만약 교회의 말조차 들으려고 하지 않는다면, 그때는 그냥 다른 민족 사람이나 세리처럼 여겨도 좋다고 말씀합니다.^{마태 18,15-17 참조}

예수님께서 권유하신 이런 대처법은 부드럽고 자상하며 상대를 배려하는 아주 적절한 화해의 기술처럼 보입니다. 그런데 문제가 좀 있습니다. 예수님께서 사용하신 '타이르다'라는 말은 당시 유다 사회에서 상당히 과격한 용어였기 때문입니다. 그 점을 고려하면서 예수님의 말씀을 떠올려 보면 타이르는 것이 상황을 오히려 악화시키는 것은 아닐까 하는 긴장감마저 느껴질 정도입니다. 대체 어떤 상황이길래 그런 것일까요?

* * *

마태오 복음이 '타이르다'라는 뜻으로 사용한 동사는 '엘렝코ἐλέγχω'입니다. 이 말은 당시 유다인들이 자주 쓰던 말입니다. 유다인들은 누군가 율법을 어기면 그의 죄를 공공연하게 드러내어 폭로하고 모두가 보는 자리에서 단죄하고 책망하는 것이 올바르다고 여겼습니다. 시시비비를 따져 잘못을 들추고 질책하는 이 일련의 행위가 바로 엘렝코입니다. 따라서 엘렝코는 온화하고 우호적이기는커녕 무척 격렬하고 드센 과정이었지요. 성경에도 유다인들의 이런 관행을 반영하는 표현이 자주 등장합니다.

가령 헤로데가 동생의 아내를 차지하자 세례자 요한은 그 잘못을 여러 차례 지적했습니다. 이를 두고 루카 복음사가는 "헤로데는 자기가 저지른 온갖 악행 때문에 요한에게 여러 번 **책망**을"루카 3,19 받았다고 기록했는데, 이때 '책망'으로 번역한 말이 바로 '엘렝코'입니다.

베드로 사도의 둘째 서간에는 더 강한 말이 등장합니다. 베드로 사도는 불의한 이들이 모두 "그 범법 때문에 **책망**을 받았"2베드 2,16다며 거짓 예언자들과 거짓 교사들을 꾸짖습니다. 이때 '책망'으로 번역한 단어가 '엘렝코'에서 파생된 '엘렝크시스ἔλεγξις'입니다. 잘못에 대한 질책을 넘어 그것을 폭로하고 단죄한다는 뜻을 담고 있습니다.

요한 복음에는 "너희 가운데 누가 나에게 죄가 있다고 **입증**할 수 있느냐?"요한 8,46라는 말씀이 있습니다. 이때 '입증'으로 번역한 말 역시 '엘렝코'입니다. 엘렝코에는 유죄를 입증하여 단죄한다는 의미가 들어있기 때문입니다.

이처럼 '엘렝코'라는 말은 시시비비를 따져 죄를 드러내고 그것을 단죄하고 질책하는 일련의 행위를 포괄적으로 나타내는 용어였습니다.

마태오 복음의 말씀, 즉 "잘못한 형제를 만나 **타일러라**엘렝코"라고 하신 예수님 말씀이 유대인들의 이런 관행을 따르라는 취지라고 이해하면 순간 머뭇거리게 됩니다. 잘못을 저지른 형제와 자상하고 부드럽게 대화해서 잘못을 깨닫게 하고 뉘우치게 하라는 뜻이 아니니까요. 되려 그의 죄를 폭로하고, 말을 듣지 않으면 증인도 동원하고, 심지어 교회의 교도권까지 활용해서 그를 단계적으로 단죄하라는 말이 될 테지요. 이렇게 생각하니 예수님이 우리가 알던 그 자애로운 분이 맞나 하는 의심이 들 지경입니다.

* * *

그런데 사실은 마태오 복음에서 예수님께서 권하신 엘렝코는 당시 유다인들의 관행과는 다른 뜻으로 하신 말씀이었습니다. 죄를 따져 묻고 단죄하는 것이 아니라 실은 정반대였지요. 언제나 사태를 새로운 시선으로 보게 해 주시는 예수님 특유의 반전을 여기서 다시 만날 수 있습니다.

이 점을 이해하려면 사도 바오로가 에페소서에서 언급한 '빛의 자녀'라는 말을 살펴볼 필요가 있습니다.

> 밖으로 **드러나는 것**엘렝코은 모두 빛으로 밝혀집니다. 밝혀진 것은 모두 빛입니다. 그래서 이런 말씀이 있습니다. '잠자는 사람아, 깨어나라. 죽은 이들 가운데에서 일어나라. 그리스도께서 너를 비추어 주시리라.' 에페 5,13-14

이 구절에서 '드러나는 것'은 시시비비를 따진 결과가 아닙니다. 단죄하기 위해 증언하고 폭로한 결과도 아닙니다. 그것은 모두 빛으로 밝혀진 것, 즉 그리스도라는 빛의 조명을 받은 결과입니다.

빛 자체이신 그리스도께서 친히 잠에 빠져 죽어있는 죄인들을 비추시고 우리를 그 빛 속에 드러나게 해 주십니다. 그리스도의 빛 속에서 드러나는 것은 우리의 죄와 잘못이 아니라 우리의 존재 자체입니다. 그분은 우리의 잘못을 들추어 수치스럽게 하려는 것이 아닙니다. 그분의 드러냄, 곧 예수님께서 말씀하시는 엘렝코는 우리 자신의 존재를 돌아보고 그것이 얼마나 귀하고 소중한 것인지 깨달아서 우리 모두 올바른 길을 따라 살아가도록 이끌어 주시기 위함입니다. 우리는 그분의 엘렝코를 통해 빛 속으로 들어서고 빛의 자녀가 될 수 있지요. 잘못을 저지른 사람조차도 죽지 않고 오히려 주님의 빛 속에서 참된 삶을 누리도록 우리를 품어주시는 것입니다.

마태오 복음에서 '엘렝코'라는 말을 사용하셨을 때, 이는 주님이 죄인인 우리를 끝내 구원해 주시리라는 약속과 같습니다. 타이른다는 말은 주님께서 당신 빛으로 우리를 비추시고 이끌어 주신다는 뜻입니다. 타이른다는 말은 우리의 존재를 드러내어 잠자는 우리의 믿음을 깨우시는 것입니다. 주님의 타이르심은 넘어진 우리 자신을 일으켜 세워 주시는 것입니다.

* * *

예수님께서 죄를 지은 형제에게 '가서 단둘이 만나 타일러라.'라고 말씀하신 것은 어쭙잖은 훈계나 충고를 하라는 것도 아니고 잘못을 들춰내서 수치스럽게 하라는 말씀도 아닐 것입니다. 그저 가까이 다가가서 주님께서는 당신이 다시 일어나 올바른 길을 걸을 수 있기를 바라며 기다리고 계신다는 사실을 깨닫게 하고 일깨워 주라는 것입니다.

그래도 용기를 내는데 머뭇거린다면 '교회에 알려라.'라고 하셨는데, 그것은 교회를 통해, 더 구체적으로는 교회의 성사를 통해 그가 다시 일어설 수 있도록 도우라는 의미입니다. 진정한 타이름이란 질책하거나 훈계하는 것이 아니라 다시 일어설 힘을 주는 것입니다. 내 힘이 아니라 주님의 힘으로, 내 힘으로 부족하면 주님께서 위임한 교회의 도움으로 어려움을 겪는 이들에게 용기를 주어야 한다는 것입니다.

주님의 타이름은 죽었던 우리의 신앙 감각 sensus fidei 을 다시 살리십니다.

인간의 타이름은 사람을 수치스럽게 하지만
구원자이신 주님의 타이름은 사람을 살려냅니다.

주님께서는 오늘도 우리를 타이르고 계십니다

06

모으는 것과 모이는 것에 관하여

너희 가운데 두 사람이 이 땅에서 마음을 모아 무엇이든 청하면, 하늘에 계신 내 아버지께서 이루어 주실 것이다. 마태 18,19

예수님께서는 이 말씀을 통해 하느님께서 우리의 기도에 반드시 응답해 주실 것이라는 약속을 전해주십니다. '기도'는 하느님께 드리는 '청원'입니다. 하느님은 당신 자녀들의 청원에 귀 기울이시고 당신의 계획 속에서 그 일을 이루어 가십니다.

그런데 마태오 복음이 전하는 이 말씀에는 눈에 띄는 점이 하나 있습니다. 혼자 기도하는 것이 아니라 두 사람 혹은 그 이상이 마음을 모아 함께 청해야 한다는 대목입니다. 여러 사람이 함께 청하니 그 기도는 공동체적인 것이겠지요. 복음 말씀은 공동체가 마음 모아 청원하면 성부 하느님께서 반드시 이루어 주신다는 것입니다.

그런데 정말 그런가요? 아무리 마음 모아 기도해도 이루어질 기미가 좀처럼 보이지 않는 것들도 있습니다. 이를테면, 우리 민족의 화해와 일치를 위한 기도가 그렇습니다. 온 교회가 마음을 모아 기도드리건만 민족의 통일은 아직 요원해 보입니다. 전쟁이나 기아, 사회적 불평등과 인종 차별, 이주민과 난민들의 고통 등, 교회 공동체의 기도에도 불구하고 잘 해결되지 않는 문제들이 많지요.

어찌 된 일일까요? 우리 공동체를 향해 약속하신 뜻을 바꾸기라도 하신 것일까요? 아니면 우리가 아직도 제대로 마음을 모아 기도드리지 못한 탓일까요? 그게 아니라면 혹시 우리가 한마음으로 드린 기도가 우리가 모르는 사이 이미 응답받고 있는 것은 아닐까요?

* * *

마태오 복음이 마음을 '모은다'라는 뜻으로 쓴 그리스어는 '쉼포네오 συμφωνέω'입니다. '쉼포네오'는 '소리를 내다'라는 뜻의 동사 '포네오 φωνέω' 앞에 '함께'라는 의미의 접두사 '쉼 συμ'을 붙임으로써, 문자 그대로 모두가 함께 조화를 이루어 한목소리를 낸다는 뜻입니다. 오케스트라가 연주하는 교향곡도 바로 쉼포니를 번역한 말입니다.

'쉼포네오'가 사용된 다른 성경 구절로는 그 유명한 선한 포도밭 주인의 비유가 있습니다. 포도밭 주인은 일꾼들과 품삯을 합의하는데, 오전부터 일한 사람에게나 오후부터 일한 사람에게나 똑같이 한 데나리온을 주기로 합의했지요. 일찍 와서 일을 더 많이 한 일꾼들이 볼멘소리로 투덜거리자 주인은 처음 약속을 다시 상기시킵니다.

> 친구여, 내가 당신에게 불의를 저지르는 것이 아니오. 당신은 나와 한 데나리온으로 합의하지 않았소? 마태 20,13

여기서 '합의한다'는 말이 바로 '쉼포네오'입니다. 주인과 일꾼이 **함께**쉼 한목소리를 **내어**포네오 동의했음을 나타내지요. 이처럼 '쉼포네오', '마음을 모은다'는 말은 서로 합의하고 동의하면서 한목소리로 일치를 이룬다는 뜻이겠습니다.

그런데 주의할 것이 있습니다. 일치를 이룬다고 해서 모두의 생각이 똑같아야 하는 것은 아니라는 점입니다. 그것은 기껏해야 획일화된 일치겠지요. 사람마다 생각은 다르기 마련이고 같은 일을 겪어도 체험과 느낌이 다를 수밖에 없습니다. 그 각각이 다 존중받아야 할 소중한 생각이고 마음이지요. 그러므로 우리가 이루어야 할 일치는 각자의 다양성을 보존하며 서로 동의하고 합의할 수 있는 것을 찾아 마음을 모아가는 일치라야 합니다. 말하자면 '다양성 안의 일치'인 셈이지요.

개개인의 생각은 다르지만, 서로의 다름을 포기하지 않으면서도 그 지향점을 공유할 수 있습니다. 평화와 공존과 상호존중의 가치들, 누구도 억울한 일을 당하지 않는 정의로운 세상을 바라는 소망들, 이런 보편적 지향점 앞에서 우리는 함께 뜻을 모으곤 합니다. 같은 지향을 가진 사람들은 동질감을 느끼고 자연스레 한데 모이게 됩니다. 그래서 마음을 **모으는** 일은 사람들이 같은 지향을 두고 **모이는** 일이기도 합니다.

* * *

예수님께서 여러 사람이 모인 곳에 함께 하시겠다는 말씀은 공통된 지향으로 마음을 모은 사람들과 함께하시겠다는 뜻입니다.

두 사람이나 세 사람이라도 내 이름으로 모인 곳에는 나도 함께 있기 때문이다. 마태 18,20

이 구절에서 '모인다'라는 뜻으로 쓰인 그리스어는 '쉬나고 συνάγω'입니다. 쉬나고는 사람들이 모여 군중을 이룬다는 말인데, 이 말에서 유다교 회당을 뜻하는 '쉬나고게^{συναγωγή}'가 파생되기도 했습니다.

'쉬나고'는 '함께'라는 의미의 접두사 '쉰^{σύν}'과 '이끌려 간다'라는 뜻의 동사 '아고^{ἄγω}'의 합성어입니다. 다시 말해 '쉰-아고'는 모두가 함께 이끌림을 받아 인도되는 모습을 표현합니다. 자세히 보면 스스로 모인 것이기도 하지만, 동시에 어떤 것에 이끌려 모여진 것이라는 점에서 적극적 수동이라는 역설을 나타내는 말입니다.

쉬나고라는 말에 담긴 능동과 수동의 의미를 함께 고려한다면, 앞서 인용한 마태오 복음 18장 20절 말씀에서 예수님의 이름으로 '함께 모인 사람들'의 의미가 새롭게 다가옵니다. 그들은 스스로 모인 것이지만, 동시에 어떤 부르심에 이끌려 모여진 것이기도 합니다. 바로 우리와 더불어 세상을 꾸려가시는 하느님께서 우리를 불러 모으신 것이지요.

그렇게 해서 모인 곳이 바로 교회입니다. 교회를 의미하는 그리스어 '에클레시아^{ἐκκλησία}'는 하느님께서 우리를 불러 모으신다는 뜻으로, '에크^{ἐκ}'와 '칼레오^{καλέω}'가 합쳐진 동사 '에크칼레오^{ἐκκαλέω}'에서 유래합니다. 교회는 하느님께서 불러 모으신 자들이 마음을 모아 함께 모이게 된 장소이자 공동체인 것입니다.

우리는 서로 **쉼포네오**합니다.
―조화를 이루며 한목소리를 내어 마음을 **모으기** 때문입니

다.

우리는 함께 **쉬나고**합니다.

―하느님의 부르심에 이끌려 같은 지향으로 **모였기** 때문입니다.

* * *

그렇다면 교회는 어떻게 사람을 모이게 하고 그들의 마음을 모을 수 있을까요? 교회는 바로 성사를 통해 사람들이 함께 모이게 하고 마음을 한데 모으게 합니다. 예수님께서는 "두 사람이나 세 사람이라도 내 이름으로 모인 곳에는 함께 있겠다."^{마태18,20}라고 하셨는데, 이 말씀을 통해 약속하신 그분의 현존은 다름 아닌 교회의 성사를 통해 실현되는 것입니다.

주님은 교회의 성사 안에 항상 머무르시며 교회의 성사를 통해 우리와 함께 하십니다. 교회는 성사 안에서 모인 이들의 마음을 모아 가장 뚜렷한 일치를 드러내기 때문입니다. 일치의 성사 안에서 다양성은 조화를 이루며 하나가 됩니다.

우리가 주님 이름으로 모인 곳은 바로 이곳, 교회라는 성사입니다.

마음을 **모은다**는 건 성사에 참여한다는 것이고

우리가 **모인다**는 건 교회와 일치한다는 것입니다.

마음을 모으며 모여든 이들은 교회라는 성사 안에서 비로소 하나가 됩니다. 하느님께서는 당신의 뜻을 찾고 청원하는 이들을 모으는 교회를 통하여, 모인 이들의 성사 안에서, 특별한 은총을 베풀어 주십니다. 우리가 하나가 되어 받는 이 은총이 바로 마음을 모아 드린 기도의 응답입니다.

07

맨 나중에 온 사람에 관하여

나는 맨 나중에 온 이 사람에게도 당신에게처럼 품삯을 주고 싶소.
마태 20,14

마태오 복음 20장에는 선한 포도밭 주인의 비유가 나옵니다. 이 비유에서 주인은 하루 동안 다섯 번에 걸쳐 일꾼들을 고용하고 해가 지자 모두에게 똑같은 품삯을 지급합니다. 아침 일찍부터 온종일 수고한 일꾼들로서는 당혹스러운 일이지요. 반나절 일한 사람이나 세 시간 일한 사람, 심지어 뒤늦게 와서 한 시간만 일한 사람까지 자신과 똑같은 품삯을 받는 상황은 도저히 받아들일 수 없었습니다. 급기야 주인의 처사가 불공평하다며 따져 물었지요.

맨 나중에 온 저자들은 한 시간만 일했는데도, 뙤약볕에서 온종일 고생한 우리와 똑같이 대우하시는군요. 마태 20,12

주인은 대답합니다. '당신에게는 원래 약속대로 품삯을 주었으니 문제가 없고, 나중에 온 사람들도 내가 그리하고 싶어 한 것이니 따지지 마시오!' 마태오 복음은 이 대화 다음 장면을 전하지 않습니다. 불만을 터트린 일꾼들이 투덜대며 돌아갔는지, 한동안 소란이 계속되었는지 알 길이 없지요. 그러나 일꾼들이 지적한 불공평과 주인이 말한 문제 없음, 성경의 표현으로는 '불의하지 않음' 사이의 이 긴장은 어떻게 해소될 수 있을까요? 그리고 이 이야기는 어떤 점에서 하늘 나라에 관한 비유일까요?

* * *

이 비유에서 한 가지 흥미로운 것은 주인이 일꾼을 고용할 때, '데려왔다'라고 하지 않고 자기 포도밭으로 '보냈다'라고 표현한다는 점입니다. 여기서 '보냈다'를 가리키는 그리스어는 '아포스텔로 $\mathit{\mathring{a}\pi o \sigma \tau \acute{\epsilon} \lambda \lambda \omega}$'입니다.

이 말은 접두사 '아포'와 동사 '스텔로'가 합쳐진 말입니다. '스텔로'는 '멀리하다'·'조심하다'·'피하다' 등의 뜻인데, 여기에 분리의 의미를 더하는 아포가 붙어서 원래 있던 자리를 떠나 다른 장소로 보낸다는 뜻을 가지게 되었습니다. 보통 '파견하다'·'보내다' 정도로 번역하지요.

예수님의 제자들을 사도라고 하는데, 사도의 그리스어 아포스톨로스$apóstolos$가 바로 '아포스텔로'에서 나왔습니다. 직역하면 '보내진 사람'이라는 뜻이지요. 사도들은 주님의 복음을 알리기 위해 온 세상으로 파견된 사람이기 때문입니다.

주인에게 선택받아 포도밭으로 파견된 사람들은 얼마나 기뻤겠습니까? 새벽부터 장터에 나왔다가 마침 일을 구했으니 날이 저물면 하루 품삯을 받고 아내와 아이들이 기다리는 집으로 돌아갈 수 있었겠지요. 또 하루를 먹고 살 수 있게 되었다는 안도감에 고단한 노동의 시간도 기쁘게 보냈을 것입니다.

그러나 일자리를 구하지 못해 여전히 장터에서 서성이던 일꾼들의 심정은 어땠을까요? 시간이 흘러갈수록 일을 구하기는 더 어려워지고 배고픈 아내와 자식들에게 빈손으로 돌아갈지도 모른다는 불안이 엄습했겠지요. 그래서 그들은 장터 모퉁이에 앉지도 못하고 내내 서 있었습니다. 일꾼을 구하는 사람이 나타나면 재빨리 달려가 일감을 청할 요량이었겠지요. 일이 생기기를 간절히 바라면서 그들은 "온종일 하는 일 없이 서 있었다"마태 20,6고 성경은 기록합니다.

여기서 '하는 일 없이'라고 번역된 단어는 '아르고스$argós$'입니다. 일을 구하지 못했다는 의미도 있고, 무익하다는 뜻도 있지요.

아마도 이들은 척 보기에도 일꾼으로서의 능력이 부족해 보였을 것입니다. 나이가 너무 많거나 너무 어리거나 허약해 보이거나 장애가 있거나, 아무튼 일꾼으로 일찍 선택되기에 부족했을 것입니다. 그러니 하루 종일 서서 일을 기다리고 있었습니다. 하루의 품삯을 받을 노동의 기회조차 구하지 못했으니 그들이 장터에서 초조하게 기다린 시간은 참으로 무익하고 공허했을 것입니다. 가족의 실망과 배고픔의 순간이 눈앞의 현실로 다가오고 있었겠지요. 자신도 누군가에게 선택받기를, 그래서 노동의 현장으로 파견되기를, 그리하여 자기 온몸에 깃들어 있는 노동의 힘을 발휘하여 삶을 계속 이어갈 수 있기를 바라며 절망 속에서도 그들은 희망의 끈을 놓지 않았을 것입니다.

* * *

이 모든 이야기에 생명을 불어넣은 사람은 선한 포도밭 주인입니다. 그는 아침 일찍 일꾼을 뽑아 왔지만 아직 일자리를 구하지 못해 서성일 사람들이 떠올랐습니다. 뙤약볕이 내리쬐는 거리를 가로질러 장터로 다시 간 것은 그들을 불쌍히 여기는 마음 때문이었지요.

그는 일꾼을 또 뽑아 포도밭으로 보냈고^{아포스텔로}, 몇 시간 후에 다시 장터에 가서 아직도 일을 구하지 못해^{아르고스} 초조하게 서성이는 일꾼들을 다시 포도밭으로 보냈습니다. 그는 하루 동안 다섯 번이나 이 일을 되풀이했습니다.

　포도밭 주인은 장터에 나온 일꾼 모두에게 일할 기회를 주려 했습니다. 일꾼들과 그 가족들 모두가 배고픔을 달래고 생명을 보존하며 삶을 돌볼 수 있게 하려는 것이지요. 그렇다고 낙담한 이에게 돈을 그냥 준 것은 아닙니다. 늦은 시간에도 굳이 포도밭으로 보내어 일감을 주었고 일꾼들이 당당하게 품삯을 받아 자신에 대한 긍지를 지킬 수 있게 해주었지요. 그 주인은 생명을 살리고 삶을 보존하며 모든 사람에게 기회를 제공하고 자존심과 긍지를 불어넣었습니다.

　성경은 이 포도밭 주인을 하늘 나라와 같다고 말씀하십니다.마태 20,1. 누구나 삶을 돌보고 지킬 수 있는 나라, 이웃의 고통과 절망을 외면하지 않고 함께 나누며 더불어 살아가는 나라, 바로 이런 나라가 하늘 나라이기 때문입니다.

　온종일 일한 일꾼들은 불평할 만도 했지요. 일은 더 많이 했지만 품삯이 같았으니까요. 그들은 '동일노동 동일임금'을 공평함의 기준으로 내세웠습니다. 그것은 기계적인 공평함입니다. 하지만 하늘 나라는 다른 기준을 가지고 있습니다. 누구에게나 기회가 주어져야 하고 어떤 기회든지 최소한의 삶을 지킬 수 있는 보상이 주어져야 합니다. 그 나라는 도토리들끼리 키를 재는 경쟁의 세계가 아니라 모두가 서로를 돌보고 생명의 존엄함을 지켜내며 함께 존재의 충만함을 누리는 나라이기 때문입니다.

* * *

하느님께서는 맨 나중에 온 이 사람에게도 똑같은 품삯을 주고 싶어 하십니다. 모든 이의 절망과 고통을 씻어주시고 모든 이가 충만한 삶을 누리기를 바라시기 때문입니다. 기회조차 얻지 못한 사람을 더욱더 애처로이 여기시지요. 약속된 품삯을 보장하는 인간의 규범적인 정의와 공평을 넘어 모든 이를 똑같이 살리시려는 그분의 자비하심, 이것이 하늘 나라의 정의와 공평함의 기준입니다.

그분의 정의는 모두에게 똑같이 나누어주시는 그분의 사랑에 있습니다.
그분의 공평함은 처음 된 자도, 나중 된 자도 똑같이 받아 주시는 그분의 자비에 있습니다.

삶의 허무와 좌절과 고통에 빠진 우리를 선택하시고
생기 넘치는 존재의 충만함으로 나아가라고 파견하시는 분,
맨 나중에 온 단 한 사람까지 포기하지 않고 품어주시는 분,

그분의 나라가 하늘 나라입니다.

08

주님께 필요한 것에 관하여

예수님은 예루살렘에 입성하시면서 제자들을 맞은편 동네로 보내어 어린 나귀를 끌고 오게 하십니다. 만약 누가 뭐라고 하면 이렇게 답하라며 말씀하십니다.

주님께서 필요하시답니다. 마태 21,3

필요하다는 것은 무엇이 없거나 부족하다는 뜻이지요. 지금 주님은 어린 나귀가 필요하다고 하십니다. 그런데 이 말이 전능하신 주님께 합당할까요? 주님은 충만하고 완전하며 온전한 분입니다. 그 어떤 결핍도 없으시지요. 정말 필요하셨다면 주님께서 직접 나귀를 오게 하실 수도 있지 않았을까요? 굳이 제자들을 보내시어 마치 당신에게 무슨 결핍이 있기라도 한 양 '주님께서 필요하시답니다.'라고 대답하게 할 이유가 있었을까요?

* * *

여기에서 '필요하다'로 옮긴 그리스어는 '크레이아χρεία'입니다. 크레이아는 '사용하다'라는 뜻의 동사 '크라오마이χράομαι'에서 유래합니다. 따라서 '주님께서 필요하시답니다.'라는 말씀은 '주님께서 쓰시겠답니다.'라는 뜻으로 이해할 수 있습니다.

그런데 이 '크라오마이'는 '크라오χράω'에서 왔습니다. 무엇인가를 '빌린다'라는 뜻이지요. 이 단어는 루카 복음 11장, 빵을 얻으려고 한밤중에 벗을 찾아간 사람의 이야기에 나옵니다. 그는 친구에게 이렇게 부탁합니다.

여보게, 빵 세 개만 꾸어주게. 루카 11,5

부탁을 들은 벗은 한밤중에 이게 무슨 일인가 싶어 거절하다가 친구가 거듭해서 간절히 청하는 바람에 결국엔 빵을 내어줍니다 루카 11,8 참조. 물론 거저 준 것은 아닐 것입니다. 꾸어간 만큼 나중에 돌려받을 수 있으리라 믿었을 것입니다. 무언가를 빌릴 때는 갚는다는 걸 전제하니까요.

지금 주님께서 나귀를 구하실 때도 같은 생각이셨을 겁니다. 그냥 공짜로 얻어 쓰시겠다는 게 아니라 우선은 빌려서 쓰고 나중에 모두 갚아 주시겠다는 것이지요. 그러니 누가 물으면 '주님께서 필요하시답니다.'라고 대답하라고 하셨는데, 이 말인즉슨 '주님께서 쓰시겠답니다.'라는 말일 테고, 이는 다시 '주님께서 쓰신 후에 갚아 주실 겁니다.'라는 약속인 셈이지요.

그렇습니다. 주님께서는 늘 우리에게 베풀어 주시는 분이시지만 때로는 빌려 쓰시기도 하는 분이십니다. 주님께서는 홀로 일하시는 것이 아니라 우리 인간과 더불어 하시기 때문입니다. 주님의 일에는 우리의 능력과 열정과 소유물들이 때로 필요한 법이지요. 그때 주님께서는 망설이지 않고 '필요하다.'라고 말씀하실 것입니다. 이는 당신께서 우리의 헌신에 대해 반드시 갚아 주시겠노라는 충실한 약속의 말씀이기도 합니다.

* * *

그리하여 주님께는 필요한 것이 하나 있습니다. 가끔씩 필요한 것이 아니라 언제 어디서나 늘 필요한 것이며 끊임없이 바라고 계신 것이기도 하지요.

그건 바로 우리의 기도입니다. 그냥 기도가 아니라 하느님의 일에 우리를 써 달라고 청하는 기도, 우리가 먼저 나서서 주님의 길을 같이 가게 해달라는 기도, 주님은 이런 청원 기도를 기다리고 계십니다.

이유는 간단합니다. 하느님의 뜻을 이루는 일꾼이 바로 우리 인간이기 때문입니다. 주님은 동화책에 나오는 마법사처럼 세상을 뚝딱 개조하시는 분이 아닙니다. 수많은 고통과 바람, 열정과 헌신을 통해 느리지만 분명하게 이 세상을 변혁하시고 하느님께서 뜻하신 세계로 만들어 가십니다. 이를 위해 하느님의 뜻을 이루려고 땀을 흘리는 일꾼이 바로 우리 자신이지요.

누군가와 함께 일을 도모할 때, 그가 마지못해 나서거나 의욕 없이 처신한다면 얼마나 맥이 빠지고 실망스러울까요? 일을 망치지나 않을까 하는 불안과 회의가 덮쳐와서 결국 일이 틀어지기 쉽습니다. 반대로 나를 돕는 이가 마치 자기 일처럼 두 팔을 걷어붙이고 달려든다면 참으로 반갑지 않겠습니까? 힘겨운 과제 앞에서도 용기가 나고 기운이 샘솟아 마침내 일을 잘 마무리하게 될 것입니다.

기도는 내 생각과 마음과 존재 전체를 하느님의 일에 던져 넣겠다는 결단이고 고백입니다. 두 팔을 걷어붙이고 나를 도와주는 벗처럼 나도 하느님의 벗이 되겠다는 소망입니다. 기도를 통해 우리는 하느님의 일에 들어서고 하느님과 같은 길을 가게 됩니다. 주님은 내가 당신 곁에 달려가서 함께 걸어가길 변함없이 기다리고 계시지요.

하느님이 외로우셔서 기다리시는 것이 아닙니다. 능력이 모자라서 우리를 부르시는 것이 아닙니다. 그분이 우리를 기다리시고 부르시는 것은 하느님이 계획하시는 일이 다름 아닌 우리 자신을 위한 일이기 때문입니다. 더 나은 삶과 더 빛나는 생명, 더 충만한 존재를 경험하고 누리도록 해 주시려고 하느님은 뜻을 세우십니다. 우리가 그 길로 나아가길 원하시고 나아갈 수 있도록 용기와 힘을 주십니다. 기도는 그분의 바람과 사랑에 대해 우리가 드려야 할, 참으로 마땅한 응답입니다.

* * *

주님께서 필요로 하시는 것은 우리의 절실한 청원입니다.
주님께서 바라시는 것은 그분을 따르는 신실한 응답입니다.
우리는 주님께서 필요로 하시는 바를 기도해야 합니다.

우리를 죄에서 구원해 주시길.
우리를 당신의 도구로 써 주시길.
우리가 당신께 온전히 매달리길.
우리가 당신을 온전히 사랑하길.

주님께서 정말 필요로 하시는 것은 당신께 의탁하는 우리 자신입니다.

주님께서 필요하시답니다. 마태 21,3

09

악한 소작인에 관하여

저자가 상속자다. 자, 저자를 죽여 버리고 우리가 그의 상속 재산을 차지하자. 마태 21,38

마태오 복음에는 악한 소작인의 비유가 나옵니다. 밭 주인이 소출을 받기 위해 종들을 보냈습니다. 그런데 사악한 소작인들은 심부름 온 종들을 때리고 죽였지요. 주인은 자기 아들을 보내면 소작인들이 존중해 주리라 생각했는데, 그들은 주인의 아들마저 포도밭 밖으로 던져 죽여 버리는 끔찍한 악행을 저질렀습니다.

복음서의 이 비유는 앞에서 보았던 선한 포도밭 주인의 비유

마태 20,1-16 참조와 포도밭으로 보내지는 두 아들의 비유마태 21,28-32 참조 다음에 자리 잡고 있습니다. 앞의 두 비유에서는 밭 주인에게 순종하는 일꾼과 아들이 나오는데, 여기서는 주인에게 저항하고 대드는 이들이 등장하여 대조를 이룹니다. 주인에게 순종했던 일꾼이나 맏아들은 좋은 열매를 맺어 하늘 나라에 들어갈 수 있지만, 악한 일꾼은 그럴 수 없다는 말씀을 하고 싶은 것입니다.

* * *

이 비유를 읽노라면 이사야서의 '포도밭의 노래'가 떠오릅니다.

> 땅을 일구고 돌을 골라내어, 좋은 포도나무를 심었네. (…)
> 그러고는 좋은 포도가 맺기를 바랐는데, 들포도를 맺었다네.
> 내 포도밭을 위하여 내가 무엇을 더 해야 했더란 말이냐?
> 내가 해 주지 않은 것이 무엇이란 말이냐?
> 나는 좋은 포도가 맺기를 바랐네, 어찌하여 들포도를 맺었느냐?
> 이사 5,2.4

여기서 '들포도'는 히브리어로 '베우쉼בְּאֻשִׁים'입니다. '베우쉼'은 '베오쉬בְּאֹשׁ'에서 나온 말인데, '베오쉬'는 시체 등에서 풍기는 "악취"이사 34,3를 뜻합니다. 따라서 들포도란 악취나는 포도라고 할 수 있습니다. 향긋하고 달콤하기는커녕 악취를 풍겨 도저히 먹을 수 없고 심지어 들짐승마저도 고개를 돌리는 썩은 과일이라는 이야기지요.

칠십인역 성경은 히브리어 '베우쉼'을 그리스어 '아칸타스 $ἀκάνθας$로 옮겼습니다. 놀랍게도 이 낱말이 가리키는 것은 포도와는 전혀 상관없는 식물입니다. 그리스어에는 포도나무를 가리키는 '암펠로스$ἄμπελος$', 포도송이를 가리키는 '스타퓔레$σταφυλή$'라고 하는 단어가 있습니다. 성경에도 이 단어들이 나오지요.

- 나는 **참포도나무**^{암펠로스}요 나의 아버지는 농부이시다. 요한 15,1
- 가시나무에서 어떻게 **포도**^{스타퓔레}를 거두어들이고, 엉겅퀴에서 어떻게 무화과를 거두어들이겠느냐? 마태 7,16

그러니까 칠십인역 성경이 이사야서 5장에서 포도를 가리키는 말이 아니라 '아칸타스'라는 번역어를 채택한 것은, 악취나는 포도가 실은 포도나무가 아니라고 이해했기 때문입니다. 사실 '아칸타스'는 '가시나무'를 뜻하는 '아칸타$ἄκανθα$'의 복수형으로 즐비하게 들어선 가시나무들, 즉 가시덤불을 뜻하지요. 칠십인역 성경의 번역자는 이사야 구절을 이렇게 이해한 것입니다: "내가 좋은 포도나무를 심었는데, 어찌 그 나무가 온통 **가시덤불**^{아칸타스}이 되고 말았단 말인가?"

우리 말에도 '콩 심은 데 콩 나고 팥 심은 데 팥 난다'라는 말이 있는데, 그런 당연한 이치를 거슬러 좋은 포도나무를 심었는데 가시덤불이 자라나니 얼마나 참담한 심경이었겠습니까? 이사야서 '포도밭의 노래'는 이렇게 참담하고 절망적인 경험을 노래하고 있는 것입니다. 이 가시덤불은 이미 앞서 보았던 씨 뿌리는 사람의 비유에도 나옵니다. 씨 뿌리는 사람이 씨를 흩뿌렸는데 더러는 길에 떨어지고 더러는 돌밭에 떨어집니다.

> 또 어떤 것들은 **가시덤불** 속에 떨어졌는데, **가시덤불**이 자라면서 숨을 막아 버렸다. 마태 13,7

여기서 가시덤불로 번역된 말이 바로 '아칸타스'입니다. '아칸타스'는 씨앗의 숨을 막아버려 싹이 트지 못하고 죽게 만듭니다. 생명을 가로막는 장애물이지요. 예수님께서는 이 비유에서 가시덤불이 무엇을 상징하는지에 대해 이렇게 설명하십니다.

> 세상 걱정과 재물의 유혹이 그 말씀의 숨을 막아버려 열매를 맺지 못한다. 마태 13,22

하느님의 말씀이라는 씨앗을 받았지만, 생명의 싹을 틔우지 못하게 가로막은 온갖 세속적인 시험들이 이칸타스, 곧 가시덤불입니다. 이처럼 아칸타스란, 하느님의 생명의 말씀을 가로막는 장애물을 상징합니다.

* * *

　그런데 사악한 소작인의 비유는 어떤 점에서 이사야의 노래와 연결될까요? 사악한 소작인들은 주인이 기대한 소출을 내놓는 대신, 주인의 종과 아들을 살해하면서까지 주인의 뜻을 거역했습니다. 그들의 악행은 주인의 선의를 배반했고 열매를 맺는 생명의 삶을 거슬렀습니다. 좋은 포도를 수확할 기회를 받아놓고도 그들은 썩은 열매, 들포도, 가시덤불만 내놓았습니다. 이사야의 노래에 등장하는 한탄, 곧 '좋은 나무를 심었는데 어찌 가시덤불이 되고 말았느냐'라는 탄식이 절로 나올 상황이지요.

　좋은 열매를 썩은 열매로 대체하고, 생명을 죽음으로 바꾸고, 선한 것을 악한 것으로 갚는 이 사악한 소작인들의 이야기를 읽으면, 문득 우리 자신을 돌아보게 됩니다. 우리도 세상을 살다 보면 "세상 걱정과 재물의 유혹"마태 13,22에 곧잘 빠지곤 합니다. 그리하여 하느님 말씀에서 멀어지고 말씀의 씨앗이 싹트지 못하게 숨을 막아 버리지요. 우리는 자신도 모르게 어느덧 가시덤불이 되어가는 것은 아닐런지요?

　돌이켜보면 항상 그러했습니다. 나는 좋은 포도 열매를 맺은 줄 알았는데 알고 보니 들포도였고, 좋은 포도나무인 줄 알았더니 가시덤불로 드러나는 일이 많았습니다. 더러운 영에 따라 살다가 결국 악취 나는 열매가 되기 쉬운 것이 우리의 모습입니다. 그렇게 좋은 열매를 맺지 못하는 우리를 도우려고 포도밭 주인은 아들을 보냅니다. 그 아들마저 외면하는 악한 소작인은 바로 우리 자신일지도 모릅니다.

* * *

그러나 다행스럽게도 마태오 복음은 소출을 내는 소작인도 있다고 이야기합니다. 우리도 소출을 내는 사람이 될 수 있다는 희망을 가지도록 말이지요.

> 하느님께서는 너희에게서 하느님의 나라를 빼앗아, 그 소출을 내는 민족에게 주실 것이다. 마태 21,43

우리는 이 말씀에 희망을 둡니다. 포도나무에서 거둔 것이 없으면 하느님의 나라를 빼앗기지만, 좋은 열매를 맺으면 하느님 나라는 그 소출을 내는 이의 것이 됩니다. 나를 가두는 가시덤불을 거두고 내 안에서 상하고 시들어 가는 악취의 원인을 없애버린다면, 하느님 나라는 우리 것이 될 것이라는 말씀입니다.

들포도와 가시덤불은 우리 안에 있는 나약함의 다른 이름입니다. 그 나약함을 걷어내야 할 우리가 그것을 도와주러 오신 주님을 거부한다면 악한 소작인은 다름 아닌 우리 자신의 모습일 것입니다.

10

갖춘다는 것에 관하여

마태오 복음 22장은 혼인 잔치에 초대받은 이들의 이야기를 전해줍니다. 어떤 임금이 아들의 혼인 잔치에 손님을 초대했습니다. 그런데 초대받은 이들은 이 핑계 저 핑계를 대며 초대에 응하지 않았습니다. 그래서 임금은 종들을 고을 어귀로 내보내 아무나 만나는 대로 잔치에 데려오게 했지요. 잔칫방은 손님으로 가득 찼습니다. 이때 임금이 손님들을 둘러보다가 혼인 예복을 입지 않은 한 사람을 발견하고 묻습니다.

> 친구여, 그대는 혼인 예복도 갖추지 않고 어떻게 여기 들어왔나?
> 마태 22,12

우물쭈물 대답이 없자 임금은 하인들을 시켜 예복을 갖추지 않은 이의 손발을 묶고 바깥 어둠 속으로 내던지게 합니다.^{마태 22,11-14 참조}

이 비유는 참으로 당혹스럽습니다. 애초에 혼인 잔치에 오려던 것도 아닌 사람을, 지나가는 사람을 아무나 데려와서 앉혀놓고 갑자기 예복을 입지 않았다고 쫓아내다니요? 뭔가 이상합니다. 쫓겨난 사람은 억울하기 그지없을 것 같습니다.

대체 이 비유의 의미는 무엇일까요? 그리고 임금이 문제 삼은 것, 즉 예복을 갖춘다는 것이 무엇이길래 이런 사달이 났을까요?

* * *

이 비유를 이해하려면 고대 이스라엘의 관습을 고려해야 합니다. 고대 이스라엘에서는 잔치를 주최하는 쪽에서 잔치에 필요한 거의 모든 제반 사항을 책임졌습니다. 그중에는 예복도 포함됩니다. 이런 구체적인 사례는 성경에도 나옵니다.

예언자 엘리사를 통해 이스라엘 임금이 된 예후라는 인물이 있었습니다. 그는 사마리아를 정벌한 후, 바알 숭배 신앙을 뿌리 뽑기로 마음 먹습니다. 하여 바알을 위한 거짓 잔치를 선포하고 바알 숭배자를 한 곳에 모이게 했습니다. 성경은 이 장면을 이렇게 묘사합니다.

> 예후는 온 이스라엘에 사람들을 보냈다. 그리하여 바알 숭배자들이 한 사람도 남지 않고 모두 모여 와 바알 신전으로 들어가니, 이 끝에서 저 끝까지 가득 차게 되었다. 예후는 의상 관리인에게, "바알 숭배자들이 입을 예복을 꺼내 오너라." 하고 일렀다. 그가 그들이 입을 예복을 꺼내 오자 2열왕 10,21-22

여기에서 알 수 있듯이 잔치를 주최한 쪽에서 예복을 미리 준비했습니다. 손님들은 나누어주는 예복을 갖추어 입음으로써, 임금의 선의에 화답하고 임금과의 관계를 긍정했던 것이지요. 요즘도 미사 봉헌 때에 성가대원이나 전례 봉사자들은 준비된 전례복을 입지 않습니까? 그런 미사 예복은 성당에 마련되어 있고, 누구나 와서 필요할 때 입는 것과 같은 이치입니다.

예수님 시대에도 혼인 잔치의 경우 잔치를 준비하는 쪽에서 모든 것을 부담했을 것으로 보입니다. 초대받은 이들이 예복을 마련하기 어려운 경우, 초대한 사람이 예복까지 준비해 준다는 규정은 아마도 고대 이스라엘의 전통[2]이 여전히 남아있기 때문일 것입니다. 어쨌든 마태오 복음이 기록한 잔치는 임금의 아들을 위한 성대한 혼인 잔치였으니 마지막에 급하게 초대받아 불려 온 이들이 가난한 이들이었든 아니었든 간에 예복은 이미 준비되어

---

[2] 참조: 자크 브리앙/미셸 케넬, 『성서시대의 일상생활』, 안영주 역/백운철 감수, 성서와함께, 2020, pp.55-57

있었을 것입니다.

그런데도 임금이 준비해 준 예복을 제대로 갖추어 입지 않은 손님이 있었던 것이지요. 이 손님은 임금의 호의를 무시하는 오만한 태도를 드러냈습니다. 예복을 갖추지 않는 것은 임금의 잔치에서 그 잔치 자체를 부정하는 것과 마찬가지였기에 그는 결국 쫓겨나고 말았습니다.

* * *

이 비유 원문에는 옷을 입는다는 것과 관련된 두 개의 표현이 등장합니다.

- 혼인 예복을 **입지** 않은 사람 하나를 보고, 마태 22,11
- 친구여, 그대는 혼인 예복도 **갖추지** 않고 어떻게 여기 들어왔나? 마태 22,12

첫 번째 예복을 '입는다'라고 할 때는 '엔뒤오ἐνδύω' 동사를 썼고, 두 번째 예복을 '갖춘다'라고 할 때는 '에코ἔχω' 동사를 썼습니다. 뜻은 비슷한데, '엔뒤오'가 옷을 입는 동작에 주목한다면, '에코'는 그 동작의 결과로서 옷을 입고 있는 상태에 방점이 놓여 있습니다. 특히 '에코'는 옷차림을 가다듬어 몸에 맞도록 밀착시켜 입고 있는 상태를 표현하는 말입니다.

가령 세례자 요한이 "낙타 털로 된 옷을 입고 허리에 가죽 띠를 **둘렀다**."마태 3,4라는 구절에서 '두르고 있다'가 '에코' 동사를 번역한 것입니다. 이것은 그가 옷을 입고 있는 상태를 묘사한 것으로, 펑퍼짐하게 뒤집어쓴 상태가 아니라 몸에 딱 조여 붙인 상태임을 보여줍니다.

'에코' 동사는 정신적인 대상에도 쓰입니다. 가령 제자들이 주님의 무덤을 찾았다가 무덤이 빈 것을 보고는 놀라 달아날 때, "덜덜 떨면서 겁에 **질렸다**."마르 16,8라는 기록이 있는데, 여기서 '질렸다'로 번역된 동사가 또한 '에코'입니다. 우리의 영혼이 마치 옷을 입듯 어떤 감정이나 생각에 완전히 사로잡히거나 붙들렸다는 뜻이 되겠지요. 가톨릭 사제들이 제의를 입을 때 개두포[3]를 걸치면서는 구원의 투구로 여기고, 띠를 매면서는 악의 세력에 대항하며 결의를 다지는 것도 모두 이 '에코'와 관련이 있다 하겠습니다.

이런 예에서 보듯이 옷을 '갖춘다'라는 표현은 옷차림뿐 아니라 그 옷차림을 통해 드러나는 내면의 정신세계를 암시하는 상징성을 가지기도 합니다.

마태오 복음이 말하는 혼인 잔치가 그리스도와 한 몸을 이루는 우리 신앙인들의 잔치라면, 그 잔치에서 예복을 갖추어 입는

◇◇◇◇◇

3   사제가 미사 때 입는 여러 전례복 중 가장 먼저 착용하는 것으로, 어깨에 두르는 사각형의 흰 색 천

다는 것은 내 과거의 옷을 벗고 그리스도라는 새 옷을 입는다는 의미일 것입니다. 그리스도께서 알려주신 하느님 나라의 질서에 순응해서 새롭게 살아간다는 뜻이 되겠지요. 단순히 그리스도를 **입는**엔뒤오 것을 넘어서 내 안에 사시는 그리스도께 나를 밀착시켜 그리스도의 마음까지 **갖춤**에코으로써 내 모든 존재가 그리스도와 일치하는 것입니다. 그럴 때, 우리는 진정 하느님 나라 백성이 되고 기쁨 가득한 잔칫상에 앉을 자격을 얻게 될 것입니다. 만약 이와 반대로 예복을 갖추지 않는다면 그리스도를 입는 것을 거부한다는 뜻이니 밖으로 쫓겨나고 말 것입니다.

* * *

마태오 복음이 하늘 나라의 예복을 갖추라는 건 그저 겉으로 예의를 차리라는 말이 아닙니다. 형식에 얽매이라는 말은 더더욱 아닙니다. 오히려 하느님과의 올바른 관계 속으로 들어섬으로써 우리 존재의 본질적인 의미를 실현하라는 뜻입니다. 존재의 근원이신 하느님을 이해하고 닮아감으로써 이웃을 향해 그리스도적인 사랑을 펼쳐 보이라는 말씀입니다.

다시 말해 예복을 갖춘다는 건 그분의 뜻과 복음의 정신을 새롭게 입는다는 뜻입니다. 겉으로 드러난 율법만 지키는 것이 아니라, 그분 말씀의 본질적인 의미에 더욱 밀착하고 그 의미를 발견하여 그것을 삶으로 살아내는 것입니다. "이제는 내가 사는 것이 아니라 그리스도께서 내 안에 사시는 것"갈라 2,20입니다. 그것은 우리 삶을 그리스도에게 맡기고 그분께 온전히 의탁하는 것이며, 동시에 그분의 삶을 따라가는 것이기도 합니다.

그러므로 예복을 갖춘다는 것은 단순히 옷을 입는 차원을 넘어서 한 존재 전체가 의미를 입는 것을 상징적으로 표현합니다. 의미 안으로 들어가 그것과 하나가 되어야 그 의미를 살아낼 수 있습니다: "그리스도와 하나 되는 세례를 받은 여러분은 다 그리스도를 **입었습니다.**"갈라 3,27

우리는 혼인 잔치에 초대받았고 예복은 이미 준비되어 있습니다.

예복을 입고 안 입고, 갖추고 안 갖추고는 이제 우리의 몫입니다.

하늘 나라가 가까이 왔습니다.

"친구여, 그대는 혼인 예복도 갖추지 않고 어떻게 여길 들어가려고 하나?"

11

섬긴다는 것에 관하여

너희 가운데에서 가장 높은 사람은 너희를 섬기는 사람이 되어야 한다. 마태 23,11

높은 사람일수록 섬기는 사람이 되어야 한다는 말씀은 동서고금을 막론한 신리입니다. 유교에서도 어진 임금이라면 신하와 백성을 다스릴 때 섬김의 예禮를 다해야 했습니다.[4] 구약성경 안

---

4 참조: 공자,「팔일편(八佾篇)」,『논어』, 제19장: "定公問 君事臣 臣事君 如之何 孔子對曰 君使臣以禮 臣事君以忠" 정공이 물었다. 군주가 신하를 부리고 신하가 군주를 섬기는 데에는 어떻게 하면 좋겠습니까. 선생님께서 답하셨다. 군주가 신하를

에서도 임금의 임무는 지혜와 정의로 백성을 다스리는 동시에 백성을 "섬기는"1열왕 12,7 것이었습니다.[5] 백성은 하느님께 속해 있기 때문에1열왕 3,8-9 참조 임금도 함부로 대해서는 안 되었지요. 예수님께서도 제자들에게 섬기는 사람이 되어야 한다고 말씀하고 계십니다. 복음서가 전하는 섬기는 사람이란 과연 어떤 사람일까요?

* * *

마태오 복음이 '섬기는 사람'이라는 뜻으로 사용한 말은 '디아코노스διάκονος'입니다. '디아코노스'는 식탁에서 시중을 든다는 뜻의 '디아코네오διακονέω'에서 유래합니다. 고대 그리스 문화권에서도 지체 높은 사람들은 하인을 따로 두어 음식을 준비하게 하고 식사 시중을 들게 했습니다. 그렇게 주인을 위해 시중들고 봉사하는 사람, 곧 종·하인·집사 같은 사람을 두루 지칭하는 말이 '디아코노스'입니다.

성경에는 이와 유사한 말로 '디아코니아διακονία'라는 단어가 나옵니다. '디아코노스'가 섬기는 사람을 지칭한다면, '디아코니아'는 그 사람이 맡은 업무, 즉 섬기는 직무를 뜻합니다.

가령 루카 복음서의 유명한 한 장면에서 이 단어를 볼 수 있

부릴 때는 예로써 하고, 신하가 군주를 섬길 때는 충으로써 해야 할 것입니다.

5 참조: 「열왕기 입문」, 『주석성경』, 한국천주교주교회의, 2010, p. 812

습니다. 동생 마리아가 주님의 발치에 앉아 말씀을 듣고 있을 때, 그 언니 마르타는 "갖가지 시중드는 일"루카 10,40로 분주하였다는 대목이지요. 여기서 시중드는 일이 바로 디아코니아입니다. 그러니까 마르타는 주방에서 음식을 장만하고 식탁을 차렸을 뿐 아니라 발 씻을 물을 내오거나 잠자리를 준비하는 등, 손님으로 오신 주님을 섬기기 위해 온갖 허드렛일을 도맡아 수행했다는 사실을 알 수 있습니다.

사도행전에도 이 단어가 나옵니다. 초대 교회 공동체에서 음식을 배급받을 때 그리스계 과부들이 홀대받는 경우가 종종 있었습니다사도 6,1-3 참조. 이로 인해 불평이 쏟아지자, 이 문제를 처리하기 위해 식탁 봉사자들을 따로 뽑았습니다. 이들은 공동체 구성원들을 똑같이 존중하고 차별 없이 빵을 배분하는 역할을 맡았지요. 이들에게 부여된 이 식탁 봉사직무를 또한 '디아코니아'라고 불렀습니다.

요컨대 타인을 섬기고 봉사하는 **직무**디아코니아를 맡은 사람, 즉 하인이나 종처럼 주인을 위해 봉사하는 사람이 바로 섬기는 **사람**디아코노스인 것입니다.

* * *

그런데 성경은 하인이나 종이 주인을 모셔야 하는 임무와 다른 의미로 '디아코니아'를 사용하기도 합니다. 바로 사도 바오로가 자신의 사도 직무를 '디아코니아'로 불렀던 것이지요. 그에게 이 직무는 영광스럽고 거룩한 것이었습니다.

> 나는 이민족들의 사도이기도 한 만큼 내 **직분**디아코니아을 영광스럽게 생각합니다. 로마 11,13

사도 바오로는 자신의 직분을 모세의 그것과 비교했습니다. 모세는 시나이산에서 하느님의 율법을 받아 돌에 새겨왔습니다. 그 직분 역시 영광스러운 것이어서 산에서 내려온 모세의 얼굴이 환하게 빛났습니다. 그런데 사도 바오로 자신은 율법을 전하는 것이 아니라 성령을 전하는 것이니 그 영광이 훨씬 크다고 자랑스레 이야기합니다.

> 돌에 문자로 새겨 넣은 죽음의 직분도 영광스럽게 이루어졌습니다. (…) 그렇다면 성령의 **직분**디아코니아은 얼마나 더 영광스럽겠습니까? 단죄로 이끄는 직분에도 영광이 있었다면, 의로움으로 이끄는 직분은 더욱더 영광이 넘칠 것입니다. 2코린 3,7-9

사도 바오로는 자신의 디아코니아, 곧 사도의 직분을 모세보다 더 영광스러운 것으로 여겼으니 그가 얼마나 벅찬 감정과 사명감을 가졌을지 짐작하고도 남음이 있습니다.

그런데 여기서 직분으로 번역한 '디아코니아'를 공동번역 성경은 '심부름꾼'으로 옮기고 있습니다. 놀라운 일이지요. 그토록 영광스럽게 여긴 사도 직분을 한갓 심부름꾼디아코니아으로 낮추어 부르고 있기 때문입니다.

> 이 문자의 **심부름꾼**도 그렇게 영광스러웠다면 성령의 **심부름꾼**은 얼마나 더 영광스럽겠습니까? 공동번역, 2코린 3,7-8

공동번역 성경의 이 번역어는 디아코니아에 담긴 특별하고 아름다운 면모를 잘 드러냅니다. 섬김의 진면모를 오히려 더 잘 표현하고 있지요.

사도 바오로가 그 섬김의 본성을 잘 보여줍니다. 그는 영광스러운 직분을 맡았지만, 거만하게 굴지도 않았고 자신을 특별한 인물로 내세우지도 않았습니다. 아무런 대가도 바라지 않았고 명예도 영광도 구하지 않았지요. 실제로 그가 주님의 일을 수행하며 얻은 것은 온갖 수모와 비난, 모함과 질투와 시기, 심지어 살이 찢어지는 매질의 경험이었습니다. 그러나 그는 주님이 주신 소명을 다하기 위해, 단 한 사람에게라도 주님의 복음을 더 전하려고 자신을 온전히 비우고 세상으로 나아갔던 것입니다. 그저 사명감에 따라 책임을 다하는 것으로 충분했습니다.

이처럼 섬김은 높이는 것이 아니라 자신을 낮추는 것입니다. 자신보다는 타인과 공동체를 먼저 배려하고 존중하며 오직 맡은 책임을 다하는 것입니다. 자기 생각과 처지에 매몰되지 않고 항상 타인을 우선으로 생각하며 타자를 향해 열린 자세를 유지하는 것이지요. 섬기는 사람은 자신을 비우고 그 자리를 타인으로 채우는 사람입니다.

* * *

섬김의 가장 큰 모범은 자신을 비우시고 낮추셨던 주님의 자기비허케노시스, kenosis[6]입니다.

> 그분께서는 하느님의 모습을 지니셨지만 하느님과 같음을 당연한 것으로 여기지 않으시고
> 오히려 당신 자신을 **비우시어** 종의 모습을 취하시고 사람들과 같이 되셨습니다.
> 당신 자신을 낮추시어 죽음에 이르기까지, 십자가 죽음에 이르기까지 순종하셨습니다. 필리 2,6-8

◇◇◇◇◇

6   필리피서 2장 7절 "오히려 당신 자신을 비우시어"에서 '비우다'라는 표현으로 사용된 말은 '텅 비게 하다', '힘을 잃게 하다'라는 뜻의 그리스어 동사 '케노우'(κενόω)이다. 여기에서 유래한 신학 용어가 예수님께서 자기를 겸허하게 '낮추시고 비우셨다'는 의미의 '케노시스'(kenosis)이고, '자기비허'(自己卑虛)라고 번역한다.

섬긴다는 것은 자신을 온전히 비워내고 낮출 수 있는 마음을 갖는 것입니다.

섬긴다는 건 타자를 내 안에 들이는 일입니다.

섬긴다는 건 자신을 비우고 주님께서 주시는 거룩한 직무를 받는 것입니다.

섬기는 사람은 내 의지를 버리고 주님을 내 안에 들여서 그분을 따르는 사람입니다.

섬기며 살아가라는 말씀은 주님께서 주시는 거룩한 봉사직무를 기쁘게 받으라는 뜻입니다.

그러므로 교회가 부여하는 봉사직무를 기쁘게 살아내는 것은 교회를 섬기는 것이며 궁극적으로는 죽기까지 자신을 낮추시고 비우신 예수 그리스도를 섬기는 일이 될 것입니다.

섬긴다는 건 그분과 그분께 맡겨진 이들을 받아들이며 사는 것입니다.

12

깨어 있다는 것에 관하여 (1)

- 그러니 깨어 있어라. 너희의 주인이 어느 날에 올지 너희가 모르기 때문이다. 마태 24,42
- 그러니 깨어 있어라. 너희가 그 날과 그 시간을 모르기 때문이다. 마태 25,13

예수님께서는 세상의 종말과 주님의 재림을 언급하시면서 제자들에게 항상 깨어 있을 것을 요구하셨습니다. 주님께서는 밤에 오시려나요? 왜 잠들지 말고 깨어 있으라고 하시는 것일까요? 물론 문자적인 의미 그대로 잠에서 깨어 있으라는 단순한 의미는 아닐 것입니다. 그렇다면 예수님께서는 우리에게 어떤 자세를 촉

구하고 계실까요?

* * *

마태오 복음이 '깨어 있으라'는 뜻으로 사용한 동사의 원형은 '그레고레오γρηγορέω'입니다. 이 말은 일차적으로 잠에서 깬 상태, 각성 상태를 나타냅니다.

성경에는 잠들지 말아야 하는 순간에 잠에 빠진 이들의 일화가 많이 나오는데, 대표적으로 예수님께서 겟세마니에서 기도하실 때의 장면이 있습니다.

예수님께서는 잡히시기 전날 밤 번민에 사로잡히시지요. 제자 몇을 데리고 겟세마니라는 곳으로 가셔서 기도를 드리셨습니다. 제자들에게 깨어 있으라고 당부하시고 홀로 조금 더 나아가셔서 기도를 드리고 돌아와 보니 제자들은 그새를 참지 못하고 잠들어 있었습니다.

이렇게 너희는 나와 함께 한 시간도 깨어 있을 수 없더란 말이냐?
마태 26,40

베드로를 나무라시고는 두 번째로 기도를 드리고 다시 와보니 제자들은 또 잠들어 있었습니다. 눈이 무겁게 감겨 잠들었다고 성서는 묘사하는데, 아마 곯아떨어진 모양입니다마태 26,43 참조.

세 번째로 기도하고 오셨을 때도 그들은 여전히 자고 있었지요. 예수님께서는 "아직도 자고 있느냐? 아직도 쉬고 있느냐?"마태 26,45라며 탄식하십니다.

이쯤 되면, 제자들의 잠은 육체의 피로를 풀기 위한 수면이나 숙면이 아니라는 것을 알 수 있습니다. 번민에 휩싸여 괴로워하는 스승의 낯선 모습을 보고도 알아차리지 못한 것은 그저 몸이 피곤한 탓만은 아닐 것입니다. 정신의 어떤 능력이 결핍되어 상황 판단을 제대로 하지 못했던 것이지요. 제자들의 잠은 그들의 영적인 혼미함과 어리석음을 상징합니다. 한마디로 정신을 차리지 못하고 있는 상태를 나타내지요.

이처럼 '그레고레오'라는 말은 육체적인 각성 말고 정신적인 상태에도 적용이 가능한 말입니다. 앎의 차원에서 제대로 알지 못하는 바를 깨우친다는 의미도 있고 그런 깨우침을 통해서 감정과 생각 따위를 바로 세운다는 의미도 있습니다. 이런 경우, 깨어 있음이란 곧 올바른 깨달음과 새로운 일깨움의 상태를 나타냅니다.

이런 점에서, '그레고레오'의 어원이 '일으키다'라는 뜻의 '에게이로ἐγείρω'인 것은 우연이 아닙니다. 우리말에서도 일어난다는 말은 잠에서 깨어난다는 뜻으로 쓰이지요. '에게이로'는 예수님께서 회당장 야이로의 딸을 살리실 때 등장합니다. "저 아이는 죽은 것이 아니라 자고 있다."마르 5,39라고 하신 뒤, "탈리타 쿰! 소녀야, 일어나라!"마르 5,41라고 명령하셨는데, 여기서 '일어나다'라는 뜻으로 사용된 동사가 '에게이로'입니다. 잠자는 소녀를 일으키신 사건은 죽은 줄 알았던 소녀를 다시 살리신 것입니다. 요컨대, '그레고레오'를 어원적으로 해석하면, 무지에서 앎으로, 죽음에서 생명으로 건너가는 이행 과정을 뜻합니다. '그레고레오'는 잠자던 나의 영혼이 깨어 일어나고 죽어있던 신앙 감각sensus fidei이 다시 눈을 뜨는 것입니다.

* * *

눈을 뜨는 일은 매우 중요합니다. 눈은 인간의 몸과 마음을 연결해 주는 통로이기 때문이지요.

> 네 눈은 네 몸의 등불이다. 네 눈이 맑을 때에는 온몸도 환하고, 성하지 못할 때에는 몸도 어둡다. 그러니 네 안에 있는 빛이 어둠이 아닌지 살펴보아라. 너의 온몸이 환하여 어두운 데가 없으면, 등불이 그 밝은 빛으로 너를 비출 때처럼, 네 몸이 온통 환할 것이다.
> 루카 11,34-36

눈은 빛을 향합니다. 오직 빛만이 보이기 때문입니다. 어둠은 빛이 결핍된 것이어서 그 자체로 있는 것이 아닙니다. 눈을 뜨고 깨어나면 몸은 밝은 빛을 향하고 그 빛이 내 몸을 환하게 밝힙니다.

빛과 어둠은 밖에도 있지만 내 안에도 있습니다. 빛을 알아보는 눈은 바깥 사물에 떨어지는 빛뿐 아니라 내 안을 채운 빛도 알아봅니다. 영혼 안에 깃든 어둠을 식별하고 환한 빛을 채워 그 어둠을 지워나가지요.

그러므로 더 깊은 차원에서 눈을 뜬다는 일은 내면을 성찰하는 것이어야 합니다. 나의 소망과 의지와 지향 속에 슬그머니 깃든 어둠을 지워내고 환한 빛으로 가득 채워가는 사람, 그가 바로 눈을 뜨고 깨어 있는 사람이지요.

이를테면, 빠르게 지나가는 스마트폰 영상에 밤새도록 몰두하는 것은 눈을 뜬 모습이 아닙니다. 더 많은 것을 보는 것 같지만 실제로는 눈을 감고 있는 것이고 영혼은 깊이 잠들어 있는 것이지요. 정작 보아야 할 것을 보지 못하니까요. 수많은 사물과 사건들에 자극받아 영혼이 들뜨지만 그것의 깊은 의미는 전혀 이해하지 못하기 때문입니다. 그럴 때 세상은 오히려 우리의 눈을 감게 합니다. 우리가 깨어 있지 못하고 잠들게 하지요.

눈을 뜬다는 것은 하나를 보더라도 온전히 머물러 그것의 심오한 의미를 깊이 숙고하는 일입니다. 사물과 사건들이 어둠에 속하는지 빛에 속하는지 헤아려서 우리 마음이 어둠에 굴복하지 않도록 치열하게 싸우는 일입니다. 그리하여 마침내 환한 빛이 승리하도록 등불을 지켜내는 일입니다.

그러므로 역설적이지만 진정 눈을 뜨려는 사람은 눈을 감을 줄 알아야 합니다. 외부의 자극에 마음을 빼앗기지 말고, 대신 고

요히 눈을 감고 사물과 마음 하나하나에 오래도록 머물며 그 본래의 의미를 묵상해야 합니다. 눈을 뜨고 깨어 있기 위해 우리에게 필요한 일은 고요히, 깊이, 치열하게 눈을 감는 일입니다. 눈을 감을 때 오히려 눈이 뜨이기 때문입니다.

* * *

눈을 뜬다는 건 머무는 것입니다.
눈을 뜬다는 건 멈추는 것입니다.
머물고 멈추어야 비로소 보이는 것들이 있습니다.
깨어 있음은 잠깐 멈춤입니다.

"그러니, 깨어 있어라."라는 예수님의 말씀은
"그러니, 잠깐 멈추어도 좋다."라는 말씀입니다.

늘 깨어 있어라.
잠깐 멈추어서, 오래, 자세히, 깊이 바라보라.

깨어 있다는 것

그것은 멈추어서 오래 볼 수 있다는 것입니다.
깨어 있으면, 오래봐도 새롭기 때문입니다.

13

쓸모없는 종에 관하여

저 쓸모없는 종은 바깥 어둠 속으로 내던져 버려라. 마태 25,30

 마태오 복음에는 하늘 나라에 관한 탈렌트의 비유가 나옵니다. 이야기는 어떤 사람이 종들에게 자신의 재산을 맡기고 여행을 떠나면서 시작합니다. 여행을 마치고 돌아온 주인은 종들을 불러 맡겼던 돈에 대해 셈을 하지요. 처음 두 명의 종은 애초에 주인에게 받았던 돈을 불려 두 배나 더 큰 액수의 돈을 내놓았습니다. 반면, 한 탈렌트를 받았던 종은 그것으로 아무것도 하지 않았고 그저 땅에 묻어두었다가 그대로 내놓았습니다. 화가 난 주인은 그를 "쓸모없는 종"마태 25,30이라 칭하며 어둠 속으로 내던져 버리라고 명령합니다.

주인은 왜 그리 화가 났을까요? 어쩌다 그 종은 '쓸모없는 종'으로 낙인찍혀 버림까지 받았던 것일까요?

* * *

쓸모없는 종이라고 할 때 '쓸모없는'의 그리스어는 '아크레이오스ἀχρεῖος'입니다. '~을 하는 것이 마땅하다'라는 뜻을 가진 '크레χρή'라는 동사에, 단어의 뜻을 부정하는 '아ἀ'를 덧붙여 만든 말이지요. 따라서 '쓸모없다'라는 말은 '마땅히 해야 할 일을 하지 않았다'라는 뜻입니다.

애초에 주인은 여행을 떠나면서 종들에게 각기 다른 액수의 돈을 맡겼습니다. 복음에는 "각자의 능력에 따라"마태 25,15 그리했다고 나옵니다. 다섯 탈렌트를 맡긴 종은 그렇게나 큰 돈을 운용할 능력이 있다고 본 것이고, 두 탈렌트를 맡긴 종은 그만큼을 운용할 능력이 있다고 본 것이지요. 한 탈렌트를 맡긴 종도 마찬가지입니다. 비록 다른 종보다 액수는 작았지만, 그에게는 그 돈을 활용해서 돈을 불려 나갈 충분한 능력이 있었던 것입니다. 주인이 돈을 맡긴 것은 그런 능력을 발휘해서 마땅히 그 돈을 불려 나가라는 뜻이었습니다.

그런데 그는 자신이 맡은 소임을 나 몰라라 하고 그냥 땅속에 묻어두기만 했습니다. 마땅히 해야 할 일을 하지 않은 셈이지요.

그런 연유로 쓸모없는 종으로 낙인찍혀 버림받았던 것입니다.

이처럼 쓸모없음은 해야 할 일을 하지 않거나 발휘해야 마땅한 능력을 발휘하지 않는, 무책임하고 게으른 태도를 말합니다. 그 결과 돈의 원래 가치가 훼손되었고, 무엇보다 능력을 다해 자발적으로 행동할 귀한 기회를 허무하게 잃고 말았습니다. 그래 놓고도 아무런 반성도 없이, 염치도 없이, 주인이 맡긴 돈을 그대로 내미는 뻔뻔한 모습까지 보였습니다. 주인의 신뢰를 배반했고 그 결과 마침내 관계가 끊어지게 된 것입니다. 그가 버려진 이유지요.

* * *

그런데 성경에는 이 '쓸모없다'라는 말을 전혀 다른 의미로 사용한 사례가 나옵니다. 앞서 본 것과 정반대의 뜻이지요. 바로 루카 복음의 말씀입니다.

저희는 **쓸모없는** 종입니다. 해야 할 일을 하였을 뿐입니다.
루카 17,10

여기서는 마땅히 해야 할 일을 했음에도 불구하고 자신을 쓸모없는 종이라고 말하고 있습니다. 앞서 보았던 마태오 복음 탈렌트 비유에서는 할 일을 하지 않았다는 이유로 쓸모없다 말했는데, 여기서는 되려 할 일을 했기 때문에 쓸모없다 말하고 있지요. 같은 단어가 어떻게 이렇게 다른 의미로 쓰이는 것일까요?

마태오 복음에서 좋은 주인에게 받은 한 탈렌트를 성실하게 관리하여 자산을 불려야 했습니다. 종 자신의 이익을 위해서도 아니고 주인의 이익을 위해서도 아닙니다. 그가 그렇게 해야 했던 까닭은 그것이 주인을 섬기는 종의 직무에 속하였기 때문이며, 종으로서 마땅히 해야 할 일이었기 때문입니다. 이익이라는 목적 때문에 해야만 했던 것이 아니라 직분에 충실해야 하는 의무 때문에 해야만 했던 것이지요.

그렇게 보자면 해야 할 일이란 누군가의 쓸모에 봉사하는 것이 아니라는 점에서 쓸모없는 일입니다. 여기서 쓸모없다는 것은 나 자신이 세상에 유익한 존재가 되지 못하고 무용지물이 되었다는 뜻이 아닙니다. 오히려 맡은 직무에 충실하고 해야 할 일을 그저 마땅히 이행할 뿐, 그 밖의 다른 의도나 목적이 없다는 뜻이겠습니다. 루카 복음에서의 '쓸모없는 종'은 바로 이런 의미입니다. 마태오 복음이 말하는 "악하고 게으른 종"마태 25,26과는 다르게, 종에게 주어신 일을, 마땅히 해야 할 일을 그저 했을 뿐이라고 말하는 겸손한 종입니다.

지금 세상은 우리에게 끊임없이 쓸모 있는 존재가 되라고 요구합니다. 세상이 요구하는 쓸모 있음은 유용성만 강조할 뿐 마땅히 해야 할 의무는 말하지 않습니다. 그러한 세상은 우리를 사용하거나 소비할 뿐입니다. 쓸모 있는 인간을 요구하는 세상은 쓸모없어지면 곧바로 폐기합니다. 우리는 쓸모 있음만을 요구하는 세상에 맞서 쓸모없음을 추구할 줄 알아야 합니다. 책임과 의무를 다할 줄 알아야 한다는 뜻입니다. 다만 마태오 복음에 나오는 정말로 해야 할 일마저 하지 않아서 바깥 어둠 속으로 내던져지고 마는 쓸모없는 종이 아니라 루카 복음에서처럼 그저 해야 할 일을 한 것일 뿐이라는, 그런 쓸모없는 종이 되어야 합니다.

* * *

요컨대, '쓸모없는 종'에는 두 가지 의미가 있습니다.

첫째, 마땅히 해야 할 일을 하지 않거나 자신에게 주어진 직무에 충실하지 않은 사람.

둘째, 마땅히 해야 할 일을 하면서 순수하게 자신에게 주어진 직무에 충실한 사람.

전자는 "가진 것마저 빼앗길 것"이고, 후자는 "더 받아 넉넉해질 것"마태 25,29이라고 성경은 말하고 있습니다. 결국 우리가 지향해야 하는 쓸모없음이란 마땅히 해야 할 일을 묵묵히 해내는 것입니다.

여기서 중요한 건 우리가 해야 할 직무에 아무리 충실하다 해도 그것이 하느님께는 아무런 보탬이 되지 않는다는 점을 아는 것입니다. 즉 하느님께서는 우리가 하는 일이 별로 쓸모 있는 것이 아니라는 점을 기억해야 합니다.

> 아버지께는 저희의 찬미가 필요하지 않으나
> 저희가 감사를 드림은 아버지의 은사이옵니다.
> 저희 찬미가 아버지께는 아무런 보탬이 되지 않으나
> 저희에게는 주 그리스도를 통한 구원에 도움이 되나이다.
> ―「연중시기 공통 감사송」

우리의 쓸모없음은 주님께는 아무런 보탬이 되지 않지만

우리의 쓸모없음이 궁극적으로 우리 자신의 구원에는 매우 쓸모 있음이 됩니다.

하느님께는 크게 쓸모가 없는 일이지만 마땅히 해야 할 일을 해내며 쓸모없는 종임을 고백하는 것이 하느님의 자녀로서 우리가 할 일입니다. 우리는 쓸모없는 존재로서, 쓸모없어 보이는 일을 하는 바보 같은 사람들입니다.

하지만 비록 그것이 세상에서는 **쓸모없는** 듯이 보여도
구원을 위해서는 가장 **쓸모 있는** 일이 될 것입니다.

14

가장 작은 이에 관하여

너희가 내 형제들인 이 가장 작은 이들 가운데 한 사람에게 해 준 것이 바로 나에게 해 준 것이다. 마태 25,40

마태오 복음은 가장 작은 이에게 해 준 것이 예수님께 해 드린 것이나 마찬가지라고 합니다. 마치 예수님을 가장 작은 이와 동일시하는 것처럼 기록하고 있지요. 그런데 이 세상에서 그보다 더 큰 것을 생각할 수 없을 정도로 크신 분을[7] 어떻게 가장 작은 이

---

[7] 캔터베리의 안셀무스, 『모놀로기온 프로슬로기온』, 박승찬 옮김, 아카넷, 2002, p.255: "주님, 당신은 그것보다 더 큰 것이 생각될 수 없는 어떤 것(quo maius cog-

라고 말할 수 있을까요? 복음서가 말하는 가장 작은 이는 과연 어떤 사람일까요?

*　*　*

마태오 복음이 '가장 작은'이란 뜻으로 사용한 그리스어는 '엘라키스토스ἐλάχιστος'입니다. 이는 크기나 부피가 작다는 뜻인 '미크로스μικρός'라는 형용사의 최상급입니다. '미크로스'는 키가 작았던 자캐오루카 19,3 참조를 지칭할 때처럼 크기가 작고 무게도 적게 나가는 물리적인 왜소함을 가리킵니다. 또는 어린이나 작은 이들을 업신여기지 않도록마태 18,10 참조 주의를 주셨던 예수님의 말씀에서 보듯, 나이가 적거나 신분과 계급이 낮은 사람을 가리키기도 했습니다. '엘라키스토스'는 가장 작고 미천하다는 뜻이므로 눈에 잘 띄지 않는 사소한 사건이나 하찮은 물건, 별 볼 일 없는 사람을 가리킬 때 사용하는 말입니다. 다시 말해 존재감이 약하거나 거의 없는 사물과 사람에 쓰입니다.

사도 바오로는 이런 '엘라키스토스'를 자신에게 적용하여 자신이 비천한 존재임을 나타냈습니다.

◇◇◇◇◇

itari nequit)일 뿐만 아니라 생각될 수 있는 모든 것보다 더 큰 어떤 것(quiddam maius cogitari possit)입니다."

사실 나는 사도들 가운데 **가장 보잘것없는**엘라키스토스 자로서, 사도라고 불릴 자격조차 없는 몸입니다. 1코린 15,9

여기서 사도 바오로는 '엘라키스토스'를 보잘것없다는 뜻으로 사용하였지요. 공동번역 성서는 마태오 복음에서 '가장 작은 이'라고 한 예수님의 말씀을 '가장 보잘것없는 사람'이라고 번역하였는데, 바오로가 사용했던 의미와 맥락이 같다고 하겠습니다.

너희가 여기 있는 형제 중에 **가장 보잘것없는 사람** 하나에게 해 준 것이 바로 나에게 해 준 것이다. 공동번역, 마태 25,40

요컨대, '가장 작은 이'는 '가장 보잘것없는 이'와 동의어입니다. 물리적으로 작다는 뜻이라기보다 천대받고 인정받지 못하며 비천한 삶을 살아가는, 가엾고 불쌍한 이들을 지칭하는 말입니다.

* * *

성경에는 '보잘것없는 이'란 표현이 곳곳에 나오는데, 성모찬송이 그 대표적 예입니다.

주님은 전능하신 팔을 펼치시어 마음이 교만한 자들을 흩으셨습니다.
권세 있는 자들을 그 자리에서 내치시고 **보잘것없는 이들**을 높이
셨으며
배고픈 사람은 좋은 것으로 배불리시고 부요한 사람은 빈손으로
돌려보내셨습니다. 공동번역, 루카 1,51-53

주님을 경외하는 이들에게 세세 대대로 미칠 것이라고 약속된 주님의 자비는 항상 보잘것없는 이들에게 먼저 베풀어졌습니다. 보잘것없는 이들을 돌보시고 들어 높이는 일은 처음부터 한결같이 주님께서 행하시는 일입니다. 굶주린 이들을 배불리 먹이시고, 가난한 이들을 채워주시고, 헐벗고 병든 이들을 치유하시는 것이야말로 주님이 보여주신 하느님 나라의 표징이었습니다.

하지만 주님께서 드높이신 그 보잘것없는 이들이 무슨 대단한 공로가 있어서 그리 높이신 것은 아닙니다. 그저 값없이 주시는 주님의 사랑일 뿐입니다. 우리 자신은 늘 죄에 사로잡혀 있고 수시로 주님을 등지기도 합니다. 그런 우리를 당신이 도구로 쓰시고자 부르시고, 우리의 보잘것없음을 눈감아 주시며 드높여 주실 뿐입니다. 주님께서는 그렇게 한결같은 자비를 우리에게 베푸십니다.

그러므로 우리는 자신이 가장 보잘것없는 존재임을 고백해야 합니다. 우리 중에 가장 작은 이, 곧 가장 보잘것없는 이는 바로

우리 자신입니다.

　가장 작은 이에게 해 준다는 것은 내가 가장 보잘것없는 이라고 주님께 고백하는 일입니다. 그것은 가장 보잘것없는 나를 당신의 도구로 써 주심에 감사를 드리는 일이기도 합니다. 가장 작은 이에게 해 준 것이 예수님께 해 드리는 것과 같다고 한 이유가 바로 여기 있습니다. 가장 작은 이가 나 자신임을 깨달을 때, 우리는 자신을 예수님께 내어드리게 됩니다. 나 자신이 보잘것없다고 고백하는 것은 결국 예수님께 나를 의탁하는 것이며 당신의 도구가 되겠다고 결심하는 것입니다.

＊ ＊ ＊

　그분께서는 가장 작은 나를 들어 높여 주실 것이 분명합니다.
　그분께서는 가장 보잘것없는 나를 당신의 도구로 써 주실 것이 확실합니다.

　가장 작은 이는 바로 나이기 때문입니다.

15

여기에 관하여

말씀하신 대로 그분께서는 되살아나셨다. 마태 28,6

네 복음서는 모두 예수님의 부활을 기록하고 있습니다. 부활 사건은 우리 그리스도교 신앙의 핵심이자 요체입니다. 그러나 상식적으로 죽은 자의 부활은 믿기 어렵지요. 이는 복음서가 작성되던 고대에도 마찬가지였습니다. 그래서 복음서들은 주님 부활을 증언하며 그 근거를 여럿 제시했는데, 그중 한 가지가 빈 무덤 이야기입니다.

그러니까 복음서들이 주님의 부활이 사실임을 입증하기 위해 제시한 첫 번째 증거가 바로 주님의 무덤이 비어있었다는 사실이었습니다. 마태오 복음은 이 빈 무덤 이야기를 다른 복음서들과 조금 다르게 적고 있습니다. 다른 복음서들은 여인들이 도착했을 때 이미 무덤 입구를 막았던 돌이 치워져 있었다고 기록하고 있지만, 마태오 복음은 그 돌이 어떻게 굴려지고 치워졌는지, 거기에서 주님의 천사가 여인들에게 어떤 말을 했는지, 그 과정을 세세히 설명하고 있습니다. 마태오 복음이 전하는 여인들의 목격담은 이렇습니다.

> 마리아 막달레나와 다른 마리아가 무덤을 보러 갔다. 그런데 갑자기 큰 지진이 일어났다. 그리고 주님의 천사가 하늘에서 내려오더니 무덤으로 다가가 돌을 옆으로 굴리고서는 그 위에 앉는 것이었다. 무덤을 경비하던 자들은 천사를 보고 두려워 떨다가 까무러쳤다. 마태 28,1-4

* * *

무덤을 막았던 돌이 이미 치워져 있었고 무덤이 비어있었다는 결과만 기록했다면, 사람들은 부활을 의심했을지도 모릅니다. 수석 사제나 바리사이였다면, 제자들이 예수님의 시신을 몰래 훔쳐 가 놓고 딴소리를 한다고 억측을 늘어놓았겠지요. 마태오 복음사가는 그런 의심을 불식시키려고 여인들이 목격한 사건을 구체적으로 기록한 것으로 보입니다.

마태오 복음은 마치 한 편의 영화처럼 부활 사건을 생생하게 전해줍니다. 천사가 내려와서 무덤 입구 돌을 굴리고 무덤이 빈 것을 확인시켜 주는 그 현장을 우리도 본 것 같은 느낌이 들 정도 입니다. 이렇게 기록함으로써 마태오 복음은 부활이 이미 종결된 사건이 아니라 계속해서 진행 중이고 과정 중에 있는 사건임을 일깨워 줍니다. 사실 부활은 '이미 그렇게 된 것'을 아는 것이 아니라 '벌어지고 있는 것'을 내가 구체적으로 체험하면서 받아들이는, 현재 진행형의 사건입니다. 부활이 현재형이어야 한다는 것은 천사가 목격자들에게 한 말에서 더욱 명확해집니다.

> 그분께서는 여기에 계시지 않는다. 마태 28,6

천사가 전한 말에서 '여기'에 해당하는 말은 '호데ὧδε'입니다. '호데'는 '여기'를 뜻하는 장소 부사이지만, 시간성도 함께 품고 있는 신비로운 단어입니다. 주님의 거룩한 변모 때에 베드로는 "스승님, 저희가 **여기**에서 지내면 좋겠습니다." 루카 9,33라고 말합니다. 이때 사용된 '여기ὧδε'는 베드로와 요한과 야고보를 따로 데리고 올라간 '높은 산'이라는 장소를 나타내는 것일 수도 있지만, 바로 '지금 여기', '현재'라는 시간도 나타냅니다. 베드로는 지금 이 순간이 너무 좋아서, 지금 여기 이곳의 상태가 지속되면 좋겠다는 뜻으로 말한 것일 수 있습니다.

그런데 이 '여기'가 가리키는 시간성은 현재가 아니라 과거를 나타내기도 합니다. 죽은 라자로를 다시 살리시는 예수님께 마르타와 마리아는 "주님, 주님께서 **여기**에 계셨더라면 제 오빠가 죽지 않았을 것입니다."요한 11,21.32라며 애통해합니다. 이때 쓰인 '여기호데'는 과거의 그때 계셨더라면 죽지 않았을 것이라는 말입니다.

다른 한편, '호데'는 아직 오지 않은 미래의 시간을 가리킬 때도 사용됩니다. 무덤에서 마귀 들린 사람이 예수님께 "당신께서 저희와 무슨 상관이 있습니까? 때가 되기도 전에 저희를 괴롭히시려고 **여기**에 오셨습니까?"마태 8,29라고 외칩니다. 이때 '여기호데'는 아직 때가 되지 않은 미래의 시간으로, 미리 또는 벌써 오셨느냐는 뜻으로 한 말입니다.

* * *

이런 맥락에서, 천사가 '부활하신 그분께서는 여기에 계시지 않는다.'라고 한 말씀은 부활한 예수님은 과거와 현재와 미래라는 시간 그 어디에도 계시지 않고, 오히려 시간을 초월해 계신다는 의미로 이해할 수 있습니다. 부활 신앙은 시간을 초월하는 믿음입니다.

그분의 부활로 인해, 우리의 과거는 종결되어 이미 끝난 사건에 머물지 않고, 지금 여기로 다시 소환됩니다. 말하자면, 우리의 아픈 과거는 부활 신앙을 통해 지금 여기서 치유되고 현재의 나는 다시 생기를 얻게 된다는 뜻입니다.

또한 그분의 부활을 통해, 지금 나의 힘겨운 현재는 미래를 선취하는 현재가 될 수 있습니다. 지금의 고통이 곧 끝날 것이라는 희망과 지금의 고난이 반드시 극복될 것이라는 확신을 통해, 현재 여기에 있는 우리가 미래를 당겨서 경험할 수 있기 때문이지요. 즉 우리의 고통스러운 현재는 부활 신앙을 통해 미래의 영광을 누리며 우리는 지금 여기서 다시 희망을 얻게 됩니다.

슬펐던 과거는 치유되고 힘겨운 현재는 다가올 희망으로 극복됩니다. 이것이 바로 부활 신앙의 힘입니다. 그분께서 여기에 계시지 않는 것은 그분이 시간을 초월해 계시기 때문입니다. 따라서 우리의 과거와 현재와 미래는 모두 부활하신 그분께 달려 있습니다.

* * *

그분께서는 여기에호데 계시지 않는다. 마태 28,6

그분께서 여기에 계시지 않음으로 말미암아, 우리의 삶과 믿음은 오롯이 부활하신 그분 안에 있게 되었습니다. 예수님이 여기에 계시지 않는다는 천사의 말씀은 그분이 시간과 장소를 초월해 계신다는 뜻이었습니다. 천사의 말씀으로 우리는 비로소 주님께서는 거기에 계시지 않고 바로 여기에 계신다고 말할 수 있습니다. 시간을 초월하는 지금 바로 여기 말입니다.

여기는 과거와 현재와 미래를 관통하는, 내 삶의 자리입니다. 여기는 내가 있는 시간과 장소입니다.

부활하신 주님께서는 항상 여기에 계십니다.

16

경배한다는 것에 관하여 (2)

보라, 내가 세상 끝 날까지 언제나 너희와 함께 있겠다. 마태 28,20

부활하신 예수님께서 언제나 우리와 함께 있겠다고 약속해 주시는 것으로 마태오 복음은 끝이 납니다. 이는 주님의 승천을 직접 언급하는 다른 공관복음서나 사도행전과 구별되는 마태오 복음만의 특징이라 할 수 있습니다.

즉 마태오 복음사가는 예수님께서 "그들을 떠나 하늘로 올라가셨다"루카 24,51라든가, "제자들에게 말씀하신 다음 승천하시어 하느님 오른쪽에 앉으셨다"마르 16,19, 또는 "구름에 감싸여 그들의 시야에서 사라지셨다"사도 1,9와 같이 승천을 구체적으로 묘사하지 않습니다. 그렇다면 마태오 복음사가는 아예 승천을 보지 못했거나 기록에서 의도적으로 누락시킨 것일까요?

그러나 다시 한번 생각해 봅시다. 마태오 복음이 마지막에 기록한 '언제나 너희와 함께 있겠다.'는 예수님의 말씀은 어떻게 실현될까요? 예수님께서는 당신께서 이 세상에 없게 되더라도 성령을 보내주심으로써 우리 곁에 머무르시겠다고 약속하셨습니다요한 14,15-31 참조. 곧 성령을 통해 그 약속이 실현될 것이라는 뜻이지요. 그런데 성령의 파견은 성자께서 성부에게 올라가셔야만 가능한 것요한 16,7-8 참조이므로, 마태오 복음이 전하는 예수님의 마지막 선포는 결국 당신 자신의 승천을 암시하는 것입니다.

예수님께서 제자들에게 주는 사명 이야기도 마찬가지입니다.

> 너희는 가서 모든 민족들을 제자로 삼아, 아버지와 아들과 성령의 이름으로 세례를 주고, 내가 너희에게 명령한 모든 것을 가르쳐 지키게 하여라. 마태 28,19

내용적으로, 세례를 통한 그리스도인의 신앙과 삶은 성령 없이는 결코 이루어질 수 없다는 점에서, 이 역시 성령을 보내주실 예수님의 승천을 전제하는 말씀입니다. 다시 말해 승천은 언제나 함께 있겠다는 예수님의 마지막 약속이 구현되기 위한 선행 조건인 셈이지요. 마태오 복음이 비록 '승천'이란 단어를 쓰지 않았더라도 사명의 부여와 마지막 약속을 기록한 성경 본문이 예수님의 승천과 관련된다고 보는 것은 바로 이러한 까닭입니다.

하지만 이러한 정황 속에서도 마태오 복음이 승천 기록을 분명하게 명시하지 않은 이유에 대해서는 여전히 의구심이 남습니다. 혹시 다른 어떤 것을 더 드러내고 싶었던 건 아닐까요?

* * *

실마리가 될 만한 구절이 있습니다. 갈릴래아로 떠나 예수님께서 분부하신 산으로 간 열한 제자가 "예수님을 뵙고 엎드려 경배하였다."마태 28,17는 대목입니다. 여기서 '경배하다'라는 뜻으로 쓰인 단어는 '프로스퀴네오 προσκυνέω'입니다. 이 단어는 마태오 복음의 시작, 곧 주님의 탄생을 전하는 성경 본문에서 동방박사들의 경배를 기록할 때도 사용되었지요

> 우리는 동방에서 그분의 별을 보고 그분께 **경배**프로스퀴네오하러 왔습니다. 마태 2,2

'프로스퀴네오'는 그 외에도 성경 곳곳에 나옵니다32-36쪽 참조. 엎드려 절한다는 뜻을 가진 이 말은 특히 상대의 권위를 인정하고 그것에 복종하는 경우, 단순한 신체적인 부복俯伏을 넘어 정신적인 승복承服까지의 의미도 포함합니다.

가령 나병 환자가 예수님께 병을 고쳐 달라고 청하며 "엎드려

절하는"마태 8,2 모습을 묘사할 때 프로스퀴네오가 사용되었는데, 이는 땅에 엎드린 사람이 예수님의 절대적인 권능에 온전히 승복하고 있음을 드러냅니다.

한편 예수님께서 사마리아 여인에게 물을 청하시며 "여인아, 너희는 알지도 못하는 분께 예배를 드리지만, 우리는 우리가 아는 분께 예배를 드린다. (…) 진실한 예배자들이 영과 진리 안에서 아버지께 예배를 드릴 때가 온다. 지금이 바로 그때다. 사실 아버지께서는 이렇게 예배를 드리는 이들을 찾으신다."요한 4,21-23라고 하실 때에도 프로스퀴네오가 사용되었는데, 이때는 '예배를 드린다'라고 번역하였지요. 대상에 대한 절대적 신뢰와 의지를 드러낸다는 점에서 '프로스퀴네오'를 그렇게 번역할 수도 있습니다.

참된 경배프로스퀴네오는 그만큼 상대를 전적으로 수용하고 내 삶 안으로 들여놓지 않으면 절대 불가능한 인간의 행위라고 할 수 있습니다. 경배한다는 것은 타자를 내 안에 온전히 들이는 일입니다.

* * *

그런데 놀라운 것은 마태오 복음의 초반부와 후반부 모두에 이 '경배한다'는 단어가 공통적으로 등장한다는 사실입니다. 즉 주님께서 이 세상에 오시어 강생의 신비를 알리는 동방박사 이야기에서도, 제자들에게 마지막으로 나타나시어 사명을 부여하고 이 세상을 떠나시는 장면에서도, 같은 '프로스퀴네오'가 사용된다는 것이지요. 이 점은 매우 의미심장합니다.

마태오 복음은 이 경배한다는 말을 복음서 앞, 뒤에 균형있게 배치하여 마치 데칼코마니처럼 처음과 끝이 '프로스퀴네오'로 포개지도록 한 것입니다. 이러한 수미상관법은 처음과 끝에 같은 구절을 반복하여 작품의 주제나 의도를 강조하는 문학 기법입니다. 마태오 복음사가가 이 기법을 의도적으로 사용한 것인지는 확실하지 않으나 복음서의 내용상 하느님 구원계획의 시작과 구원 업적의 마침이 모두 인간의 **경배**프로스퀴네오로 이루어진다는 사실이 놀랍기만 합니다. 결국 동방박사들의 경배로 시작된 마태오 복음서는 제자들의 경배로 완결된다고 해도 과언이 아닙니다.

* * *

경배는 신적 권위에 대한 인간의 마음가짐을 드러내는 표현 방식이자 태도입니다. 그것은 단순한 생각이나 감정의 표출이 아니라 그 신적 권위와 가르침에 따라 살아가겠다는 실존적 결단의 행위이지요. 경배한다는 것은 그 앞에서만 머리를 조아리는 것이 아니라 절대적 권위를 내 마음 깊숙이 받아들여 경배 대상이 제시하는 방향에 따라 내가 살아가겠다고 다짐하는 것입니다.

하지만 인간이라고 해서 누구나 경배하며 살아가는 것은 아닙니다. 마태오 복음이 기록한 "그러나 더러는 의심하였다."마태

28,17라는 구절은 모두가 주님을 보았지만 모두가 경배한 것은 아니라는 걸 말해줍니다. 부활한 예수님을 경배하지 않았다는 것은 부활뿐만 아니라 주님 강생의 신비도 받아들이지 못했다는 뜻입니다. 강생의 신비를 온전히 받아들이지 못했으니 주님 승천으로 완성되는 십자가의 신비도 받아들이기 어려웠을 것입니다. 경배하지 못한 그들이 구세주 탄생의 신비와 부활의 신앙을 살아낼 수 없다는 건 너무나 당연한 이야기입니다.

마태오 복음이 의심하여 경배하지 못한 제자들을 다룬다면, 루카 복음은 반대로 경배한 제자들이 어떻게 살아가게 되는지를 기록하고 있습니다. 제자들은 승천하신 예수님을 "경배하고 나서"루카 24,52 기뻐하며 예루살렘으로 돌아가 "줄곧 성전에서 하느님을 찬미하며 지냈다."루카 24,53고 합니다. 예수님의 죽음 이후 실의에 빠져 있던 제자들은 부활한 예수님을 만나 뵙고 경배한 이후에야 비로소 각자 삶의 자리로 돌아가, 하느님을 찬미하며 살아갈 수 있었다는 말씀입니다. 그들은 자신들이 엎드려 경배한 주님께서 주시는 사명을 기꺼이 받아들이고 자신의 삶을 다시 주님께 봉헌한 것이지요. 줄곧 성전에서 하느님을 찬미하며 지냈다는 그들은 자신을 변화시켜 주신 하느님께 감사드리며 살았을 것입니다.

그들이 그렇게 기뻐하며 찬미드릴 수 있었던 것은 변화된 자신의 삶에 대해 놀라움과 경탄을 금치 못했기 때문일 것입니다. 경배가 경탄을 불러일으킨 것이지요. 경배한다는 것은 그러한 경탄과 함께 하느님의 놀라운 신비를 받아들이는 체험이고, 그 신비의 영광을 드러내며 살아가는 여정입니다.

* * *

마태오 복음이 승천에 대한 구체적인 서술이나 묘사보다 제자들의 경배에 더 초점을 맞추고 있는 것은 승천을 목격하지 못해서가 아닐 것입니다. 어쩌면 예수님께서 부활하신 후 승천하신 기록보다 더 중요한 것을 남기고 싶었던 것인지도 모르겠습니다. 마태오 복음사가는 승천 자체보다 승천 이후의 우리 삶, 즉 부활의 신비 앞에서 드러나는 제자들의 실존적 결단과 신앙의 태도를 더 중요하게 여겼기 때문에 경배하는 제자들로 복음서를 마무리한 것은 아닐런지요.

이런 맥락에서 우리의 신앙은 경배와 경탄의 끊임없는 순환 속에 있다는 사실이 더욱 분명해집니다. 경배 안에서 예수님의 사건은 그분만의 사건으로 끝나는 것이 아니라 살아있는 나의 사건으로 변화한다는 걸 드러내 주기 때문입니다. 경배함 속에서 발생하는 경탄은 하느님께 기쁨의 찬미를 드리며 그분께 희망을 두며 살아가도록 이끌어 줍니다.

요컨대, 경배와 경탄은 그리스도인의 삶 속에서 언제나 함께 있겠다는 예수님의 마지막 약속을 실현해 줍니다.

동방박사들은 **경배**를 통해 강생의 신비를 받아들였습니다.
제자들은 **경배**를 통해 십자가의 신비를 깨달았습니다.
우리는 **경배**를 통해 그분 신비 안에 머뭅니다.

경배는 믿는 모든 이들이 가져야 할 신앙의 시작이자 마침입니다.

17

파견에 관하여

너희는 가서 모든 민족들을 제자로 삼아 … 마태 28,19

예수님께서는 가서, 아직 예수를 모르는 이들에게 복음을 전하라 하십니다. 복음을 전하고 모든 민족을 제자로 삼고 성부와 성자와 성령의 이름으로 세례를 주고 명령하신 가르침을 지키게 하는 일, 이것이 선교이지요. 그런데 이 모든 것은 우선 이 자리를 떠나야 가능한 일입니다.

선교는 대상을 찾아 나서는 것에서부터 시작됩니다. 그래서 '가라'고 하신 것이지요. 하지만 리지외의 성녀 소화 데레사를 보십시오. 한 번도 선교하러 떠나지 않았는데도 선교의 수호자로 선포되었습니다. 어찌 된 일일까요? 이곳을 떠나지 않아도 선교할 수 있고 복음을 전할 수 있는 것일까요? 선교, 반드시 가야 할까요, 가지 않아도 될까요? 이 문제에 답하려면 마태오 복음이 사용한 '가다'라는 말을 깊이 숙고해 보아야 합니다.

* * *

"너희는 가서"마태 28,19라는 구절에서 '가다'라는 뜻의 동사는 '포레우오마이πορεύομαι'입니다. 성경 원문에서 이 동사가 수동태 분사구문포레우텐테스, πορευθέντες으로 쓰였다는 점이 중요합니다. 그대로 직역하자면 '너희는 가서'가 아니라 '너희는 보내져서'가 됩니다. 엄밀한 의미에서 선교는 가는 것이 아니라 보내지는 것이라는 뜻입니다.

예수님에게 선교란 전진이 아니라 파견이었습니다. 전진과 파견의 결정적 차이는 길을 가게 되는 주체가 다르다는 것입니다. 내 힘으로 가는 것과 보내는 분의 힘으로 가게 되는 것은 본질적으로 다르기 때문이지요. 구약성경 이사야서에도 '가다'라는 말이 반복해서 나옵니다.

- 자, 주님의 산으로 올라가자. 이사 2,3
- 우리가 그분의 길을 걷게 되리라. 이사 2,3
- 자, 주님의 빛 속에 걸어가자! 이사 2,5

여기서 이사야 예언자가 가자고 초대하는 곳은 우리 자신이 선택한 곳이 아닙니다. '주님의 산'·'주님의 길'·'주님의 빛 속'입니다. 가는 주체는 우리 자신이지만, 그곳으로 가게 하시는 분은 주님입니다. 주님의 뜻으로, 주님과 함께 걸어가는 길인 것입니다. 더 정확하게 말하면, 주님께서는 우리로 하여금 나의 길이 아니라 당신의 길을 걷게 해 주신다는 뜻입니다. 지금 나는 내가 가고자 하는 길, 내 의지의 길, 나의 길을 따라 전진하는 것이 아닙니다. 주님께서 주님의 길로 나를 파견하신 것이지요.

* * *

내가 보내지고 그분의 빛 속에서 걷게 되어 그분과 함께 도착하는 곳은 모두 주님께서 뜻하신 곳이요, 주님의 산입니다. 선교는 나 자신의 힘으로, 나의 길을 걷는 것이 아닙니다. 그분의 힘으로, 그분의 길을 걸어가는 것이지요. 이것을 깨닫는 것이 선교의 시작입니다. 이사야서를 통해서 우리는 선교가 장소적 개념이 아니며 존재의 개념임을 이해하게 됩니다. 주님을 따라가는 삶이 바로 선교입니다.

그러므로 가는 것 자체가 아니라, 가는 길 안에 '있는' 내가 중요합니다. 예수님께서도 선교 사명 마지막에 이렇게 말씀하십니다.

내가 세상 끝 날까지 언제나 너희와 함께 **있겠다**. 마태 28,20

선교는 '가는 것'이 아니라 '있는 것'입니다. 이런 맥락에서 "너희는 가서"마태 28,19를 의역하자면 다음과 같이 됩니다.

"너희는 **함께 있음으로 해서**, 모든 민족들을 제자로 삼고, 아버지와 아들과 성령의 이름으로 세례를 주고, 내가 너희에게 명령한 모든 것을 가르쳐 지키게 하여라. **그저 있음으로 해서**."

* * *

이제 어디로 떠나거나 이동하지 않아도 선교할 수 있다는 것을 우리는 이해하게 되었습니다. 오지奧地로 가지 않아도 선교사가 될 수 있습니다. 성녀 소화 데레사가 그랬던 것처럼.

어느 곳에 있든지 나의 전 존재가 주님과 함께 있음으로 충만하다면, 우리가 바로 파견된 삶을 사는 선교사입니다. 그분과 함께 있는 존재로서의 선교 개념을 우리는 복음화라고 부릅니다. 복음화란 아직 복음이 전해지지 않은 곳에 성경을 보급하거나 신자 수 증가를 위한 선교전략을 세우는 것이 아닙니다. 언제 어디서든 누군가에게 우리 스스로가, 나부터, 기쁜 소식을 전하며 그저 함께 있는 것입니다.

복음화는 삶의 향기와도 같습니다. 꽃이 움직여야 향기가 전

파되는 것은 아니지요. 그저 존재함만으로도 향기는 사방으로 은은하게 퍼지게 마련입니다.

선교는 존재의 향기를 품고 사는 일입니다.
우리를 보내신 분의 뜻으로 사는 일입니다.
우리가 그분 힘으로 살아가고 있음을 깨닫는 일입니다.

존재에 의한, 존재의 파견

그것이 선교입니다.

LAUDATE JESUM

3부

셰마, 이스라엘

이스라엘아, 들어라.
주 우리 하느님은 한 분이신 주님이시다.
- 마르 12,29

Ἄκουε, Ἰσραήλ,
κύριος ὁ θεὸς ἡμῶν κύριος εἷς ἐστιν

─── 01 ───

더 큰 능력에 관하여

 세례자 요한이 광야에서 죄를 용서하는 회개의 세례를 선포하자 많은 사람이 요르단강에 몰려와 죄를 고백하고 세례를 받았으며 하느님 나라의 복음을 통해 구원의 새로운 희망을 발견하였습니다. 메시아를 기다리던 사람들은 그런 그를 두고 구약성경에서 예고된 엘리야가 아닌지 궁금해하였지요 말라 3,23; 요한 1,19-28 참조. 그만큼 그를 뛰어난 능력과 권위를 지닌 하느님의 독보적인 일꾼으로 여겼던 것입니다. 심지어 예수님께서도 이렇게 말씀하셨습니다.

 여자에게서 태어난 이들 가운데 세례자 요한보다 더 큰 인물은 나

오지 않았다. 마태 11,11

하지만 정작 세례자 요한은 자신을 낮춥니다. 자신은 그저 주님의 길을 예비하기 위해 광야에서 외치는 소리일 뿐이며, 자신은 물로 세례를 주지만 장차 오실 주님께서는 성령으로 세례를 주실 것이라고 선포합니다. 그리고 그는 이렇게 말합니다.

나보다 더 큰 능력을 지니신 분이 내 뒤에 오신다. 마르 1,7

그 능력의 차이가 어찌나 큰지 자신은 그분의 신발 끈을 풀어드릴 자격조차 없다고 고백했지요. 엘리야와 같은 예언자라 여기며 우러러보던 이가 이렇게 말하니 사람들은 무척 당혹스러웠을 것입니다. 대체 장차 오실 분의 능력이 얼마나 크길래 저렇게까지 말을 했을까요? 그보다 먼저, 여기서 능력이 더 크다는 것은 무슨 뜻일까요?

* * *

'더 큰 능력을 지니신'이라고 번역한 그리스어는 '이스퀴로스 ἰσχυρός'입니다. '힘' 또는 '능력'을 나타내는 명사 '이스퀴스 ἰσχύς'에서 나온 형용사로서 '힘 있는' 또는 '강한 능력을 갖춘' 정도의 뜻입니다.

신약성경에는 힘 또는 능력을 가리키는 단어가 여러 가지 나옵니다. 비슷하면서도 조금씩 뜻이 다른데, 그 차이를 살펴보면 이 구절에서 말하는 '더 큰 능력'의 의미를 좀 더 명확하게 알 수 있을 것입니다.

- 엑수시아(ἐξουσία)

엑수시아는 기본적으로 위임받은 권한을 의미합니다. 원래부터 지닌 능력이 아니라 누군가로부터 위임을 받아 정해진 범위에서만 행사할 수 있는 능력과 힘을 지칭합니다.

가령 예수님께서는 열두 사도를 뽑으시고 그들에게 '마귀들을 쫓아내는 **권한**'을 주셨습니다.[마르 3,15 참고] 이 권한이 엑수시아인데 제자들에게 처음부터 그런 능력이 있었던 것이 아니라 주님에게서 위임받아 행사할 수 있었기 때문이지요. 성경의 관점에서는 세상을 다스리는 통치자들의 권력과 권세도 엑수시아입니다. 세상 권세는 하느님에게 기초하고 하느님께서 주신 것이기 때문입니다. 심지어 성경은 "사탄의 권세"[사도 26,18]라는 표현을 쓰기도 하는데, 이는 사탄조차도 하느님으로부터 권한을 위임받아 활동한다고 봤기 때문입니다.

- 크라토스(κράτος)

크라토스는 이 세상의 차원을 넘어서는 초자연적인 힘을 가리킵니다. 보통 '권능'이라고 번역하는데 주로 하느님의 초월적이고 절대적인 능력을 나타낼 때 씁니다. 루카 복음 서두에 나오는 마리아의 노래에 이 단어가 등장합니다: "그분께서는 당신 팔로 **권능**을 떨치시어 마음속 생각이 교만한 자들을 흩으셨습니다." 루카 1,51

하느님께서는 세상을 지으셨고, 자연 만물을 당신의 뜻에 따라 조화롭게 하시며 활동하게 하십니다. 이 세상에 대한 하느님의 권능은 절대적이어서, 성경 말씀대로 하느님께는 불가능한 일이 없지요. 이러한 하느님의 권능은 바오로 사도를 통해 온갖 기적을 일으켜 힘을 떨치셨으며 사도 19,20 참조 콜로새 신자들에게는 모든 것을 참고 견디어 낼 수 있는 힘과 능력이 되어 주었습니다 콜로 1,11 참조. 이처럼 인간을 비롯한 모든 피조물에 미치는 하느님의 절대적인 힘과 능력이 바로 크라토스입니다.

- 뒤나미스(δύναμις)

뒤나미스는 현실적으로 발휘되는 역동적이고 실제적인 힘을 의미합니다. 운동선수를 생각해 보면 좋을 것 같습니다. 선수들은 평소 훈련을 통해 운동 능력을 쌓아갑니다. 그러다가 경기장에 나서면 그 능력을 폭발하듯 발휘하는데, 이렇게 어느 순간 드러나 펼쳐지고 발휘되는 능력을 '뒤나미스'라고 부릅니다.

성경에서 뒤나미스는 주로 기적과 연관됩니다. 가령 세례자 요한을 처형한 헤로데는 예수님의 활동을 접하고 깜짝 놀랍니다. 죽은 세례자 요한이 되살아났다고 생각했던 것이지요. 헤로데는

이렇게 말했습니다: "그러니 그에게서 그런 **기적의 힘**이 일어나지."마태 14,2 여기서 '기적의 힘'이 바로 뒤나미스입니다. 기적 속에서 주님에게 잠재되어 있던 무한한 능력이 실제로 드러나고 눈앞에 생생하게 펼쳐지기 때문입니다.

● 이스퀴스($\mathrm{i}\sigma\chi\acute{\mathrm{u}}\varsigma$)

뒤나미스가 실제로 드러나 표현된 능력이라면, 이스퀴스는 그렇게 드러나기 이전에 원래부터 가지고 있던 **잠재적인 능력**을 말합니다. 경기장에 나가지 않더라도 운동선수는 운동 능력을 잠재적으로 지니고 있지요. 그처럼 모든 존재는 장차 발휘되고 현실화될 능력을 지니고 있는데, 이것이 바로 이스퀴스입니다.

* * *

마르코 복음에서 세례자 요한이 "나보다 더 큰 능력을 지니신 분이 내 뒤에 오신다."마르 1,7라고 말할 때, 그는 주님의 이스퀴스기 지신보다 더 크다고 선언한 것입니다. 주님께서는 아직 활동을 시작하지 않으셨지만, 그분에게 잠재된 능력은 너무나 막강하여 장차 놀라운 일들을 펼치실 것이라고 예언한 것이지요.

복음서는 주님이 이스퀴스로 행하신 일들을 기록하고 있습니다. 주님께서는 자신을 낮추시고 죽음까지 받아들이며 하느님께 순종하심으로써 하느님을 영광되게 하셨습니다. 한편으로는 가난하고 병든 이들을 위로하고 돌보셨으며 하느님 나라를 선포하시고 구원의 새 희망을 우리에게 주셨습니다. 이 모든 일을 행하신 주님의 내재적인 능력이 바로 이스퀴스입니다.

* * *

그런데 모든 존재는 자신 안에 나름의 잠재력, 이스퀴스를 지니고 있습니다. 우리 인간도 마찬가지라서 우리에게도 무언가를 할 능력이 내재해 있습니다. 그 능력을 어떻게 사용할지, 무엇을 위해 발휘할지, 그 선택은 사람마다 다르겠지요. 그러나 주님께서는 우리가 궁극적으로 가야 할 길을 분명하게 일러주셨습니다.

> 그러므로 너는 마음을 다하고 목숨을 다하고 정신을 다하고 **힘**이스퀴스을 다하여 주 너의 하느님을 사랑해야 한다. 마르 12,30

우리 존재의 바탕에 놓인 잠재적인 능력, 즉 이스퀴스를 하느님 사랑에 쏟아야 한다고 성경은 말씀하십니다. 마음을 다하고 목숨을 다하고 정신을 다하여, 그러니까 내 존재의 모든 것을 걸고서 하느님 사랑에 헌신해야 한다는 것이지요.

하느님을 사랑한다는 건 단순히 성당에 다니면서 미사를 거르지 않고 교회를 위한 봉사에 참여하는 것만을 의미하지는 않습니다. 물론 그것도 필요하겠지요. 그러나 더 중요한 점은 우리 삶의 원리와 기준을 바꾸는 데에 있습니다.

하느님을 사랑한다는 건 그분께서 이 세상에 대해 세우신 뜻을 내가 기꺼이 실천한다는 것을 말합니다. 이기적 욕망에 사로잡힌 자아의 한계에서 벗어나 타인의 음성에 귀 기울이며 나의 존재를 내어놓는 것입니다. 이웃을 나 자신처럼 사랑하라는 말씀이 바로 그 뜻이지요. 나아가 모든 피조물의 조화를 회복하고 세상을 평화롭게 하는 것, 이것이 진정 우리가 행해야 하는 일이고 하느님을 사랑하는 삶입니다.

그러나 우리는 너무나 나약해서 자아의 한계를 쉬이 넘어서지 못합니다. 욕망을 이겨내고 이기심을 떨쳐낸다는 것은 거의 불가능에 가깝지요. 타인의 고통보다 내 고통이 먼저이고, 세상의 평화보다 나의 안녕이 우선일 수밖에 없습니다. 이런 우리가 어떻게 하느님 사랑으로 나아갈 수 있을까요?

바로 주님의 능력 덕분입니다. 주님이 베풀어주시는 사랑 덕분에 우리는 비로소 변화할 수 있습니다. 그분께서는 우리를 격려하시고 도우심으로 하느님과 이웃을 사랑하는 존재로 거듭나게 해 주십니다. 주님께서 친히 우리가 나아갈 길의 모범이 되셨고, 우리도 그렇게 살아가도록 매 순간 힘을 불어넣어 주십니다. 하느님을 향한 우리의 사랑은, 실은 우리를 향한 하느님의 사랑 덕분에 가능합니다.

* * *

하느님은 당신 안에 내재하는 사랑의 힘과 그것을 실제적 사랑으로 발휘하는 힘이 동일한 분이십니다. 그러나 인간은 우리 안에 잠재된 능력을 우리 힘만으로는 온전하게 현실로 구현해 내지 못합니다. 인간은 자신이 가진 능력을 세상에 잘 드러낼 수 있도록 이끌어 주는, 더욱 절대적인 힘이 필요한 존재입니다.

그렇게 본다면, 주님의 능력이란 당신께서 활동하시며 친히 보여주신 그 놀라운 모습 속에만 머무는 것이 아닙니다. 우리가 가진 잠재적인 능력, 가능태로서의 힘, 곧 우리 자신의 이스퀴스가 현실로 드러날 수 있도록 이끄시는 도움이고 손길이며 보다 근본적인 능력입니다.

마르코 복음에서 예수님을 두고 '이스퀴로스', 곧 '더 큰 능력을 지니신 분'이라고 지칭한 것은 그저 단순히 예수님의 능력이 세례자 요한보다 크다는 의미가 아닙니다. 그분의 더 크신 힘이 우리가 내재적으로만 지녔던 힘^{이스퀴스}을 실제적으로도 드러나게 해 준다는 뜻입니다. 그것은 그분의 힘이 우리 존재를 변화시켜주는 더 근본적 차원의 능력이라는 걸 의미합니다. 그분께서는 당신의 그 놀라운 능력으로 우리의 상상을 넘어서는 능력이 우리에게도 있음을 일깨워 주십니다. 우리가 감당할 수 없으리라고 생각했던 일조차 실은 모두 감당할 수 있음을 분명하게 가르쳐 주십니다.

* * *

내가 감당할 수 없을 것만 같던 고통을 이겨낼 더 큰 능력을 주시는 분.

내가 받아들일 수 없을 것만 같던 슬픔을 극복할 더 큰 능력을 주시는 분.

우리는 더 큰 능력을 지니신 분을 통해 우리가 가진 놀라운 능력을 새삼 발견하게 됩니다.

무엇이든 우리가 그것을 할 수 있다면, 이는 더 큰 능력을 지니신 그분의 사랑 덕분입니다.

02

더러운 영에 관하여

더러운 영은 그 사람에게 경련을 일으켜 놓고 큰 소리를 지르며 나갔다. 마르 1,26

예수님께서 더러운 영을 꾸짖어 쫓아낸 사건을 기록한 구절입니다. 마귀에 사로잡히거나 더러운 영에 들린 사람을 고쳐주시는 기적 사화는 성경 여러 곳에 등장합니다.

한번은 예수님께서 가다라인의 지방에 가셨을 때, "마귀 들린 사람 둘이 무덤에서 나와"마태 8,28 예수님과 마주쳤습니다. 마귀들은 예수님께서 쫓아내실 것을 알고 가까운 곳에 있는 돼지 떼 속으로 들어가게 해달라고 애원했습니다. 예수님께서 마귀들을 돼지 속으로 들어가게 하시자 돼지 떼는 모두 호수로 달려가 빠져 죽습니다"마태 8,32-33 참조.

또 어떤 사람의 아들이 마귀가 들려 불 속으로 뛰어들기도 하고 물속으로 떨어지기도 했는데, 예수님께서 호통을 치시자 "아이에게서 마귀가 나갔다"마태 17,18는 기록도 있습니다.

이렇게 마태오 복음은 '마귀'라는 표현을 주로 사용하는 반면, 루카 복음이나 마르코 복음은 '더러운 영'이라는 표현을 더 선호합니다. 돼지 떼 속으로 마귀들을 내쫓는, 같은 사건에 대한 병행 구절만 비교해봐도 그렇다는 걸 알 수 있지요. 무덤에서 나온 사람에 대해 마태오 복음은 '마귀 들린 사람'마태 8,28이라고 표현하는 데 비해 마르코 복음은 '더러운 영이 들린 사람'마르 5,2이라고 기록하고 있습니다.

'마귀'와 '더러운 영', 이 둘은 어떤 차이가 있을까요?

* * *

성경에서 '마귀'를 가리키는 단어는 '다이모니온$\delta\alpha\iota\mu\acute{o}\nu\iota o\nu$'입니다. 말 그대로 악의 정령, 악령입니다. 마귀가 들렸다는 건 악령이 내 안으로 들어와 내가 악의 지배를 받게 되었다는 뜻입니다. 이때부터는 말이든 행동이든 내가 행하는 모든 것은 내가 아니라 내 안에 있는 마귀의 장난입니다. 그런데 마르코 복음은 '다이모니온'이 아니라 '아카타르토스$\mathrm{\mathring{a}}\kappa\mathrm{\acute{a}}\theta\alpha\rho\tau o\varsigma$'를 썼습니다.

'아카타르토스'는 '깨끗하게 한다'라는 뜻의 '카타이로 καθαί ρω' 앞에 부정불변사 'α̉ α'를 붙여 그 반대의 의미가 된 말입니다. 깨끗해지는 것의 반대이므로 더럽힌다는 말이 됩니다. '더러운 영'은, 정확하게 번역하자면 '더럽혀진 영'입니다. 원래 '카타이로'는 요한 복음에서 예수님이 자신을 참포도나무에 비유하실 때 나옵니다. "나에게 붙어 있으면서 열매를 맺지 않는 가지는 아버지께서 다 쳐내시고, 열매를 맺는 가지는 모두 **깨끗이 손질하시어 더 많은 열매를 맺게 하신다**"요한 15,2라고 하신 말씀에서, 깨끗이 손질하는 것, 즉 깨끗하게 정화하는 것이 바로 카타이로입니다.

이 '카타이로'는 '카타로스 καθαρός'라는 말에서 유래합니다. 예수님께서 겉과 속이 다른 바리사이들과 율법 교사들을 꾸짖으실 때에 "속에 담긴 것으로 자선을 베풀어라. 그러면 모든 것이 **깨끗해질 것이다**"루카 11,41라고 하시지요. 이때 깨끗해질 것, 즉 정화된 상태를 이르는 말이 '카타로스'입니다. '카타로스'는 아리스토텔레스가 말한 '카타르시스'와도 관련이 있습니다. 인간은 비극을 감상할 때 응어리진 묵은 감정이 해소되고 마음이 정화되는데, 이것을 아리스토텔레스는 '카타르시스'라고 합니다. 그렇게 보자면 아카타르토스는 정화되지 않은 마음 상태라고 정의할 수 있습니다.

* * *

    요컨대 더러운 영에 들렸다는 것은 귀신이나 사탄 같은 존재가 외부로부터 침입하여 마음을 조종한다는 뜻이 아닙니다. 그보다는 우리 마음 상태가 정화되지 않았다는 데에 방점이 놓일 것 같습니다.

    다시 말해 불안과 고통, 두려움과 슬픔, 풀리지 않고 응어리진 원망 같은 정념들이 마음에 맺혀 뭉쳐 있다는 뜻이지요. 부정적인 감정들이 해소되지 않은 채로 마음을 짓누르는 상태를 말할 것입니다. 이렇게 내면이 복잡하게 얽히고설키면 나는 감정의 노예가 되고 맙니다. 마음이 경직되고 심해지면 격렬한 감정에 휘둘립니다. 이렇게 내면이 복잡하여 감정이 억눌리고 답답함에서 벗어나지 못하는 것은 내가 제때 마음을 정화하지 못해서입니다. '아카타르토스'는 이렇게 깨끗하게 정화되지 못하고 복잡하게 얽힌 감정의 굴레에 놓여있는 상태를 드러내는 말입니다.

    그러므로 더러운 영은 사실 나 자신의 영혼입니다. 외부에서 침입해 들어온 마귀가 아니라, 정화하지 못하고 풀어내지 못한 나의 마음이고 감정이지요. 나를 더러운 영에 사로잡히게 하는 이는 마음을 다스려내지 못하는 나 자신인 것입니다.

* * *

 더러운 영은 슬픔에 사로잡혀 점점 더 슬퍼지는 나 자신입니다.
 불안과 두려움으로 떨고 있는 내 깊은 내면입니다.
 더러워진 나의 영은 나를 더 비참하게 괴롭힙니다.
 더러운 영은 따로 있는 것이 아닙니다.
 나에 의해 나 자신이 더러운 영에 들리고 마는 것입니다.

 더러운 영은 나를 짓누르는 내 마음의 짐입니다.

 예수님께서 마귀가 아닌 더러운 영을 쫓아내셨다는 것은 그분께서 우리가 가진 마음의 짐을 덜어주셨다는 뜻입니다. 더러운 영을 꾸짖으신 예수님께서는 우리가 삶의 어두움에서 해방되길 바라십니다.

 여러분도 이제 그만 마음의 짐을 내려놓으십시오.

03

손을 잡는 것에 관하여

카파르나움 회당에서 더러운 영을 쫓아내신 후에 예수님께서는 제자인 시몬과 안드레아 형제의 집을 방문하셨습니다. 그때 시몬의 장모가 열병으로 몸져누워 있었는데, 주님께서 사정을 들으시고 그 부인을 고쳐주셨습니다.

예수님께서 그 부인에게 다가가시어 손을 잡아 일으키시니 열이 가셨다. 마르 1,31

시몬의 장모가 앓았던 열병이란 어떤 증상이었을까요? 그리고 주님께서 손을 잡아주시는 것에 어떤 치유 능력이 있었길래 이렇게 순식간에 씻은 듯이 나을 수 있었을까요?

* * *

마르코 복음이 '열병을 앓는다'라는 뜻으로 사용한 단어는 '퓌레쏘πυρέσσω'입니다. 이는 '불'을 뜻하는 '퓌르πῦρ'에서 유래한 말인데, 말 그대로 온몸이 불같이 뜨거워지는 증상이나 고열에 시달리는 것을 의미합니다.

시몬의 장모가 앓았던 열병은 사위가 생계를 팽개치고 그물뿐 아니라 자기 딸과 가정까지 버리고 예수를 따라다닌다는 소식에 속이 터지고 열불이 치밀어서 생긴 울화병이었을 것이라는 우스갯소리도 있습니다. 어쨌든 그녀가 앓았던 열병이 정확히 무엇인지 알 길은 없지만, 체온이 몹시 올라 사경을 헤맬 정도로 위험천만한 상황이었다고 짐작해볼 수 있겠습니다.

그런데 한편으로는 이 열병을 상징으로 해석할 수도 있습니다. 성경에서 '불'은 자주 하느님의 심판을 상징하기 때문입니다. 세례자 요한은 "도끼가 이미 나무뿌리에 닿아 있다. 좋은 열매를 맺지 않는 나무는 모두 찍혀서 불 속에 던져진다"마태 3,10라고 경고하지요. 여기서 '불'은 최후의 심판을 의미합니다. 죄인이 떨어지게 될 지옥에 관해서 "꺼지지 않는 불"마르 9,48이라는 표상이 등장하기도 합니다. 특히 구약성경에서 '열병'은 하느님의 심판을 나타내는 상징의 일부였습니다: "주님께서는 너희를 폐병과 열병과 염증, 무더위와 가뭄과 마름병과 깜부깃병으로 계속 치시고, 마침내 너희가 망할 때까지 그것들이 너희를 쫓아다니게 하실 것이다."신명 28,22

이런 맥락에서 시몬의 장모가 앓았다는 그 열병을 상징적으로 본다면, 그 여인이 하느님의 심판으로 인해 비참한 상태에 놓여있었다고 해석해볼 수 있습니다. 어둠의 그늘이 덮쳐 아무리 벗어나려 해도 벗어날 수 없는 지경이었다는 것이지요. 사실 한번 열병을 앓게 되면 아무리 발버둥쳐도 헤어 나오기 어렵습니다.

그렇게 본다면 시몬의 장모가 앓은 그 열병은 우리 인간의 존재를 규정하는 근원적인 죄의 상태를 뜻할 것입니다. 죄의 강력한 권세는 우리를 파괴하고, 우리는 죄의 굴레에 무기력하게 갇히고 말지요.

* * *

그런데 마르코 복음에 의하면, 예수님께서 "손을 잡아 일으키시니"마르 1,31 열이 가시었다고 합니다. 주님께서 손을 잡아주시는 것 자체에 경이로운 치유의 힘이 깃들어 있는 것입니다. 이 치유의 비밀은 바로 하느님의 권능에 있습니다.

마르코 복음에서 손을 '잡는다'라는 뜻으로 사용한 그리스어는 '크라테오κρατέω'인데, 이 말은 하느님의 절대적인 권능을 가리키는 단어 '크라토스κράτος'에서 유래합니다243쪽 참고. 마르코 복음은 예수님께서 회당장 야이로의 딸에게 치유의 힘을 드러내시는 기적도 **손을 잡아** 일으켜 세우셨다^{마르 5,41 참조}라는 말로 기록하고 있습니다. 그러니까 **손잡음**크라테오은 하느님의 **권능과 힘**크라토스이 상대에게 전달됨을 보여주는 말이지요.

미켈란젤로의 유명한 작품 「천지창조」에도 이런 모티프가 등장합니다. 성부 하느님과 아담이 서로 팔을 뻗어 손을 잡으려 하는데, 그 접촉을 통해 하느님의 생명과 사랑의 힘이 아담에게 전달됩니다. 이때 손이 맞닿기 위해서는 팔을 뻗어 손을 내밀어야 합니다. 그래서 '손을 내밀어 갖다 댄다'는 뉘앙스를 더 강하게 나타낼 때는 '하프토$ἅπτω$' 동사를 사용하기도 합니다. 이는 예수님께서 나병 환자에게 "손을 **내밀어 대시며**"^{마태 8,3; 루카 5,13 참조} 병을 고쳐 주신다거나 거룩한 변모를 목격한 제자들이 두려움에 떨며 땅에 엎드리자 그들에게 "손을 **대시며**"^{마태 17,7} 일으켜 세우셨다고 할 때 쓰였습니다. 크라테오가 손을 맞잡는 **악수**握手에 가깝다면 하프토는 손을 뻗어 내미는 **안수**按手에 가깝다고 할 수 있습니다.

악수가 되었든 안수가 되었든, 손을 맞잡고 손이 닿을 때 우리는 눈을 맞추고 마음을 열고 진심을 나누게 됩니다. 손잡음을 통해 주님의 권능과 사랑이 전해지고 치유의 기적이 일어나게 되는 것입니다. 그저 접촉하는 것을 넘어서 전능하신 분의 힘을 전달하고 나누는 것이지요. 참된 의미에서 손을 잡는 것은 그분이 사랑으로 감싸 안는 것입니다. 결국 열병을 앓던 시몬의 장모에게 예수님께서 손을 대시자 그분의 권능이 스며들었습니다. 그리하여 죄의 무거운 굴레에 갇혔던 그 여인은 비로소 죄의 권세에서 벗어날 수 있었고, 사랑과 일치와 평화를 이루는 새로운 삶의 차원으로 진입할 수 있었습니다.

이처럼 손을 잡는다는 것은 전全인격적인 접촉이며, 내밀하고 친밀한 실존적 밀착입니다. 예수님께서 심한 열병에 시달리는 시몬 장모의 '손을 잡았다'라는 말씀은 시달리는 그녀의 아픔과 고통에 당신의 권능을 불어넣어 주시려고 인격적인 의미에서 그녀를 온전히 '감싸 안았다'라는 말입니다.

* * *

그러므로 그분께서 손을 내밀어 우리의 손을 잡는다는 건, 그분의 능력을 우리에게 불어넣어 주신다는 겁니다. 우리가 그분에게 손을 내밀어 그분의 손을 잡는다는 건, 내 온 존재를 내밀어 그분의 옷자락에 손을 대는 것입니다.

그러니, 이제 손이 아니라 삶을 내미십시오.

그분께서 잡아주시는 건 손이 아니라 삶입니다.

04

겁을 먹는다는 것에 관하여

　호숫가에서 여러 비유로 군중을 가르치신 후 저녁이 되자 예수님과 제자들은 배를 타고 호수를 건너게 되었습니다. 그런데 갑자기 돌풍이 불더니 배에 물이 차기 시작했습니다. 제자들은 겁에 질렸지요. 배가 가라앉기라도 한다면 꼼짝없이 물귀신이 될 상황이었습니다. 그때 예수님께서는 배의 고물에서 주무시고 계셨는데, 제자들이 놀라 외치는 소리에 깨어나셔서 바람을 꾸짖으시고 이내 잠잠하게 하셨습니다. 그러시고는 제자들을 둘러보셨지요.

　예수님께서는 그들에게, "왜 겁을 내느냐? 아직도 믿음이 없느냐?"하고 말씀하셨다. 그들은 큰 두려움에 사로잡혀 서로 말하였다. "도대체 이분이 누구시기에 바람과 호수까지 복종하는가?"

마르 4,40-41

돌풍과 파도에 목숨이 위태로운 상황이었는데도 예수님께서는 어찌 믿음 없이 겁을 냈느냐고 타박하십니다. 또 바람이 멎었으니 안심할 법도 한데 제자들은 되려 큰 두려움에 사로잡혔다고 기록되어 있습니다. 겁이 났던 마음이 아직 진정되지 않았던 것일까요? 겁을 낸다는 것은 무엇이고 두려움에 사로잡힌다는 것은 또 무엇일까요?

* * *

마르코 복음이 '겁내는'이라는 뜻으로 사용한 말은 '데일로스 $\delta\epsilon\iota\lambda\acute{o}\varsigma$'입니다. 불안이 엄습하는 상황에서 두려움에 사로잡힌 마음의 상태를 일컫지요. 이때 '데일로스'는 두려운 상황에서 느끼는 감정부다는 그 상황에 당당하게 맞서지 못하는 태도에 더 주목하는 말입니다. 다시 말해 겁에 질린 결과 비겁한 태도를 취하게 되었다는 뉘앙스를 가진 말입니다. 요한 묵시록에도 '데일로스'가 등장하는데, 우리말 성경은 이를 '비겁한'으로 번역하고 있습니다.

비겁한데일로스 자들과 불충한 자들, (…) 그리고 모든 거짓말쟁이들이 차지할 몫은 불과 유황이 타오르는 못뿐이다. 묵시 21,8

제자들은 겁에 잔뜩 질렸습니다. 평생 어부로 살아온 이들이었건만, 돌풍에 파도가 높아지고 배에 물이 차오르자 불안이 몰려와서 어찌할 바를 모른 채 아우성치기만 했습니다. 당황해서 정신을 차릴 수 없었고, 상황에 맞는 대응은 생각조차 하지 못했지요. 겁을 먹었을 뿐 아니라 비겁해지고 만 것입니다.

'데일로스'가 나타내는 이런 소극적인 태도는 '아이도스αἰδώς'라는 말과도 관련 있습니다. '아이도스'는 동사 '에이도εἴδω'에 반대의 뜻을 나타내는 '아ἀ'가 붙은 말입니다. 원래 '에이도'는 초롱초롱한 눈빛으로 사물을 정확하게 바라본다는 의미입니다. 예리한 시선으로 사물의 본질을 꿰뚫어보는 그런 바라봄을 말하지요. 이런 뜻을 반대로 뒤집은 말이 아이도스이니, 아이도스는 똑바로 바라보지 못한다는 뜻이 되겠습니다. 눈길을 외면하거나 피하고 수줍고 얌전하게 쳐다보거나¹티모 2,9 참조 아예 의기소침하여 풀이 죽은 눈빛을 하고 바라본다는 뜻이지요.

이렇게 외면하며 자신 없는 눈빛을 하게 되는 이유가 무엇일까요? 우리는 이미 성경에서 그런 눈빛을 읽은 적이 있습니다. 바로 아담과 하와의 이야기입니다. 그들은 하느님의 명령을 어기고 선악과를 따먹은 뒤, 하느님이 부르실 때 두려워 나무 사이에 몸을 숨기고 하느님의 시선을 피했습니다. 죄를 지었다는 사실을 알고 있었고 이로 인해 수치스러웠기 때문입니다. 죄의식은 두려움을 낳고 두려움은 시선을 흔들리게 하며, 상황을 외면하게 하고 우리를 비겁하게 만듭니다. 돌풍이 불어 배가 잠기는 상황에 놓인 제자들이 끝내 겁에 질려 비겁해진 것은 바로 그들의 존재를 근원적으로 규정하는 죄의 무게에 짓눌린 탓이었습니다. 그들은 주님의 시선을 피해 달아나려고 애썼던 것이지요. 아우구스티누스 성인은 이러한 인간의 두려움을 '도망가는 사랑'[1]이라고 했습니다.

* * *

제자들이 겁에 질려 우왕좌왕하던 그때, 예수님께서 일어나셔서 바람을 잠재우셨습니다. 제자들은 안도했겠지요. 두려움에 사로잡혀 제대로 대처하지 못했던 자신들의 비겁함과 믿음 없음을 돌아보며 아마 부끄럽기도 했을 것입니다.

그런데 성경은 뜻밖에도 제자들이 "큰 두려움"마르 4,41에 사로잡혔다고 기록하고 있습니다. 무엇이 또 두려웠을까요? 바람에 놀라 겁먹었던 두려움이 오히려 더 커졌다는 뜻일까요?

그렇지 않습니다. 여기서 말하는 큰 두려움은 우리를 비겁하게 만드는 그런 소소한 두려움이 아니라 그것과는 차원이 다른,

---

1 요셉 피퍼, 『그리스도교의 인간상』, 김형수역, 가톨릭대학교출판부, 2018, p.77

3부 • 셰마, 이스라엘 263

더 강력하고 훨씬 거대한 두려움입니다.

마르코 복음이 '큰 두려움'이란 뜻으로 사용한 말은 '포보스 φόβος'입니다. 이는 병적인 공포증을 나타내는 영어 단어 '포비아 phobia'의 어원이기도 합니다. 병적이라는 것은 좀처럼 헤어날 수 없다는 뜻이지요. 그러니까 포보스는 헤어날 수 없는 두려움, 즉 우리를 엄습하는 압도적인 공포이자 우리 존재를 뿌리째 뒤흔드는 강력한 전율이라고 하겠습니다.

제자들을 큰 두려움에 빠뜨린 대상은 바로 바람과 풍랑을 잠재우신 예수님의 권능입니다.

도대체 이분이 누구시기에 바람과 호수까지 복종하는가?

마르 4,41

예수님께서는 자연을 압도하고 다스리시는 권능을 드러내시어 제자들을 위험에서 건지셨습니다. 권능은 또한 은총이기도 합니다. 이런 거대한 권능과 은총을 접하면 누구나 극한의 존경심과 숭배의 마음을 느끼게 되는데, 이것이 바로 경외심입니다. 포보스는 주님의 예외적인 권능과 은총 앞에서 느끼는 두려움이자, 동시에 지극한 존경의 자세인 경외를 뜻합니다.

바람과 풍랑 앞에서 겁에 질렸던 제자들은 주님의 권능을 경험하면서 큰 두려움에 사로잡혔고, 이것은 마침내 주님에 대한 경외심으로 이어졌습니다. 주님의 권능과 은총을 만나는 그 순간은 늘 두려움과 경외가 함께 하는 것이지요. 그래서 성경은 이렇게 선언합니다.

> 그리스도를 **경외하는**포보스 마음으로 서로 순종하십시오. 에페 5,21

우리 삶은 호수를 건너가는 배와 같습니다. 두렵고 무서우며 불안한 일이 언제든 일어날 수 있지요. 당연히 겁도 나고 비겁해질 수 있습니다. 하지만 그때 그저 두려움에만 빠져 있다면 주님을 만날 수 없습니다. 주님을 믿고 신뢰하며 청할 때, 우리를 돌보시는 주님의 손길을 만나게 될 것입니다. 만물을 다스리는 주님의 권능과 우리를 향한 지극한 은총을 마주할 때, 우리는 주님을 새삼 두려워하며 존경과 경외의 마음으로 주님을 예배할 수 있게 됩니다.

인간에게는 두려움에도 단계가 있습니다. 단순한 염려에서 근심과 걱정으로, 비겁에서 두려움으로, 두려움에서 또다시 경외로 옮아가는 '두려움의 서열ordo timoris'[2] 이 그것입니다. 그러나 그리스도인에게 겁을 먹고 두려워한다는 것은 경외 받아 마땅하신 주님을 곧 뵙게 된다는 뜻입니다.

◇◇◇◇◇

2 참조: 같은 책, p.75

* * *

그러니, 겁이 난다고 겁먹지 마십시오.
겁먹을 줄 알아야 하느님을 경외할 수 있습니다.
하느님 두려운 줄 아는 사람이라야 거친 삶의 풍랑을 제대로 헤쳐 나갈 수 있습니다.

겁을 먹는다는 것

그것은 진정한 의미에서 자신의 비참한 처지를 수용하고,
그 비참한 인간을 구원해 주시는 하느님께 자신을 전적으로 맡기는 것입니다.

겁을 먹는다는 건, 주님을 경외하고 신뢰하기 위한 첫걸음입니다.

겁내는 걸 두려워하지 마십시오.

05

일어난다는 것에 관하여

야이로라는 한 회당장이 예수님을 찾아왔습니다. 자신의 어린 딸이 병이 들어 죽게 되었으니 부디 살려달라고 간곡히 청했습니다. 예수님과 일행은 야이로의 집을 향해 길을 나섰지요. 그런데 도중에 집안 사람이 와서 그 딸이 숨을 거두었다는 소식을 전하였습니다. 실제로 그 집에 도착해서 보니 온 가족이 울며 탄식하고 있었습니다.

그런데 예수님께서는 뜻밖의 말씀을 하셨습니다. 아이가 죽은 것이 아니라 자고 있을 뿐이라는 것입니다. 그 말씀을 하시고는 아이의 손을 잡고 명하셨습니다.

탈리타 쿰! 마르 5,41

'탈리타 쿰'은 "소녀야, 내가 너에게 말한다. 일어나라!"마르 5,41 참조라는 뜻의 아람어입니다. 주님이 명하시자 소녀는 곧장 일어서서 걸어 다녔다고 성경은 기록하고 있습니다. 주님의 놀라운 권능이 빛을 발하는 순간이었습니다.

* * *

마르코 복음에서 '일어나다'라는 뜻으로 쓰인 그리스어 동사는 '에게이로ἐγείρω'입니다. '에게이로'는 앉거나 누워 있던 사람이 일어서는 것, 혹은 사물이나 건물을 세우는 것 등을 말합니다. 성경에서 자주 접하는 단어이지요.

- 요셉은 **일어나** 밤에 아기와 그 어머니를 데리고 이집트로 가서

  마태 2,14

- **일어나** 아기와 그 어머니를 데리고 이스라엘 땅으로 가거라.

  마태 2,20

- 이 성전을 허물어라. 그러면 내가 사흘 안에 다시 **세우겠다**.

  요한 2,19

이런 예에서 보듯이 '에게이로'는 몸을 일으켜 세우거나 무언

가를 제작해 세우는 것을 두루 지칭합니다. 그런데, '일어난다'라는 이미지는 상징적인 의미로도 쓰입니다. 가령 이사야 예언서의 칠십인역에는 놀라운 말씀이 등장합니다.

> 당신의 죽은 이들이 살아나리이다. 그들의 주검이 **일어서리이다**
> 에게르테손타이,ἐγερθήσονται ˙ 이사 26,19

여기서는 죽은 몸이 되살아나 일어날 것이라고 말씀하십니다. 곧 부활을 가리키는 것이지요. '에게이로'와 비슷한 말로 '아니스테미ἀνίστημι'가 있는데, 일으켜 세운다는 뜻입니다. 호세야 예언서의 칠십인역에는 이 단어를 미래형으로 써서 부활을 암시하는 뜻으로 사용하고 있습니다.

> 이틀 뒤에 우리를 살려주시고 사흘째 되는 날에 우리를 **일으키시어**아나스테소메타,ἀναστησόμεθα 우리가 그분 앞에서 살게 되리라.
> 호세 6,2

이처럼 일어난다는 표현은 몸을 일으켜 세우는 동작을 가리키기도 하지만, 자주 상징적인 의미로 쓰여서 부활과 새로운 삶으로 넘어가는 파스카의 신비를 나타내기도 합니다. 신약성경에는 옛 삶을 버리고 새 삶을 향하여 나아간다는 뜻에서 '에게이로 일어남'를 사용한 구절이 몇 군데 더 있습니다.

- 풍랑을 만난 제자들이 겁에 질려 배에서 주무시는 예수님을 **깨 우며** 마태 8,25
- 주님의 천사가 감옥에 갇힌 베드로를 기적적으로 풀어주며 빨리 **일어나라**. 사도 12,7
- 예수께서 잡히시기 전날 밤 겟세마니에서 잠자는 제자들에게 **일어나 가자**. 마르 14,42
- 죽음을 앞둔 예수님께서 제자들에게 성령을 약속하시며 **일어나 가자**. 요한 14,31

이 구절들에서 일어나야 하는 이들은 잠든 사람이거나 아직 잠이 덜 깨어 주변 상황을 제대로 파악하지 못하는 사람입니다. 이들이 이제 일어난다는 말은, 명오明悟가 열려 어떤 사실을 갑자기 깨닫거나, 무언가 중요한 상황을 파악하게 된다는 뜻이 되겠지요. 즉 일어난다는 것은 마음의 눈이 열리고 깨어난다는 것을 뜻합니다.

그리고 보면 예수님께서 회당장 야이로의 딸에게, "저 아이는 죽은 것이 아니라 자고 있다." 마르 5,39고 하신 말씀은 참으로 옳습니다. 여기서 잠은 생명의 근원이신 주님을 깨닫지 못하는, 영혼이 잠들어 있는 상태를 말하니까요. 예수님께서는 '일어나라'는 말씀을 통해 우리가 영적 잠의 상태에서 깨어나기를 바라고 계십니다. 생물학적 죽음을 두려워할 것이 아니라 오히려 영적으로 죽어있는 상태인 잠을 경계해야 하고, 그 잠에 빠졌더라도 부활의 희망으로 어서 깨어나야 합니다. 이것이 우리를 깨우시는 주님의 요청입니다.

* * *

'탈리타 쿰!'은 주님을 아직 깨닫지 못하고 어둠 속에 갇힌 모든 이들을 향해 "새벽을 흔들어 깨우듯"시편108,2-3참조 이제 그만 일어나라고 깨우시는 말씀입니다. '탈리타 쿰'은 옛 삶을 버리고 새 삶을 살아가라는 부르심입니다. '에게이로'는 영적인 죽음에서 일어나 부활의 삶을 다시 살라는 의미입니다. 회당장 야이로의 딸을 일어나게 한 것은 분명 죽은 이마저 살리는 주님의 권능을 보여주는 기적이지만, 상징적으로는 잠든 우리의 영혼과 육신을 일어나게 하는 가르침입니다. 예수님께서는 나인이라는 고을에서 과부의 죽은 외아들도 같은 말씀으로 일으켜 세우십니다: "젊은이야, 내가 너에게 말한다. **일어나라**에게이로."루카 7,14

마르코 복음은 죽은 듯이 자고 있던 야이로의 딸을 통해 우리 자신이 잠들어 있는 신앙인은 아닌지 돌아보게 합니다. 눈앞에 보이는 현상만으로 죽음을 두려워한 군중들을 보여주면서 우리 자신도 부활하신 주님을 바라보지 못하는 무지한 신앙인은 아닌지 성찰하게 합니다. 예수님은 지금 누구에게 "탈리타 쿰!"하고 계신 걸까요?

* * *

지금 잠에서 깨어나야 할 사람은 누구입니까?
지금 자리에서 일어나야 할 사람은 누구입니까?
지금 다시 영혼의 눈을 떠야 할 사람은 누구입니까?
지금 다시 하늘을 바라봐야 할 사람은 누구입니까?
혹시 우리 자신은 아닐까요?
이제 잠에서 깨어나 일어나야 할 때입니다.

미움이라는 잠에서 일어나 사랑으로
다툼이라는 잠에서 일어나 용서로
분열이라는 잠에서 일어나 일치로
절망이라는 잠에서 일어나 희망으로

어두움에서 빛으로
슬픔에서 기쁨으로

잠자던 우리의 신앙 감각 sensus fidei 을 깨우고 일어날 때가 바로 지금입니다.

탈리타 쿰!

06

쉬다는 것에 관하여

너희는 따로 외딴곳으로 가서 좀 쉬어라. 마르 6,31

파견되었던 제자들이 돌아올 때 제자들을 따르던 사람들도 함께 몰려왔습니다. 오고 가는 사람이 어찌나 많은지 제자들은 '음식을 먹을 겨를조차 없었다'고 합니다마르 6,31 참조. 그러자 예수님께서는 사도들에게 '가서 좀 쉬라'고 하십니다. 고단한 파견을 마무리하고 돌아와서도 계속 일을 해야만 했던 제자들을 안쓰럽게 여기신 것이지요.

그런데 쉬다는 것은 무엇일까요. 사실 '쉼'의 의미는 예수님과 주변 사람들 사이에서 항상 논쟁거리였습니다. 안식일에 일을 해도 되는지에 대해서 바리사이들과 예수님은 첨예하게 대립했지요.^{마태 12,1-8 참조} 바리사이들에게 안식은 일하는 것 자체를 금지하는 규정이었지만, 예수님께 안식은 사람을 위하는 어떤 정신이었습니다. 이런 점에서 우리도 '쉼'이 무엇인가에 대해 곰곰이 생각해 볼 필요가 있습니다.

* * *

안식일은 히브리어로 '샤밧שׁבּת'입니다. 창세기에 보면 하느님께서 세상을 창조하실 때 "이렛날에 쉬셨다"^{창세 2,2}라고 나오는데, 여기서 '쉬다'는 뜻의 동사가 '샤밧'입니다. '샤밧'은 아무것도 하지 않고 놀고먹으며 그저 빈둥거린다는 뜻이 아닙니다. 그보다는 하던 일을 멈추거나 중단한다는 뜻인데, 더 정확히는 하던 일을 그치고 마무리 짓는다는 의미입니다.[3]

하느님께서는 왜 이렛날에 창조 활동을 멈추셨을까요? 하느님께서 하던 일을 멈춘 목적은 당신이 하신 일에 복을 내리고 거룩하게 하시려던 것이었습니다.

---

3 참조: 김명숙, 『구세사 산책 에덴에서 약속의 땅까지』, 성서와함께, 2023, pp.22-31; 특히 안식일의 의미에 대해서 "일을 하지 않음으로써 이레째에 쉬신 창조주 하느님을 닮을 수 있는 날"이라고 한다.

> 하느님께서 이렛날에 복을 내리시고 그날을 거룩하게 하셨다.
> 창세 2,3 참조

 이 목적이 중요합니다. 하느님께서는 이렛날에 모든 피조물에게 복을 내리시고 그날을 거룩하게 하셨습니다. 안식하시면서 동시에 활동하셨지요. 하느님께 안식이란 그저 쉬는 것이 아닙니다. 해 오신 일을 더욱 빛나게 하시는, 또 하나의 활동이었습니다. 안식은 완전히 멈추는 것이 아니며 멈춘 듯 보여도 그 안에서 어떤 것이 여전히 움직이고 있음을 알 수 있습니다. 신약성경에서는 안식이 갖는 이 활동의 의미가 더욱 잘 드러납니다.

> 고생하며 무거운 짐을 진 너희는 모두 나에게 오너라. 내가 너희에게 안식을 주겠다. 마태 11,28

 마태오 복음은 '안식'을 '아나파우오 $\dot{\alpha}\nu\alpha\pi\alpha\dot{\upsilon}\omega$'로 옮겨 적었습니다. '아나파우오'는 쉬면서 새로운 활력을 보충한다는 뜻입니다. 사도 바오로는 그것을 '생기'라는 뜻으로 사용하였습니다: "나와 여러분에게 **생기**아나파우오를 불어넣어 주었습니다." 1코린 16,18
 안식은 피조물에게 축복을 내리시는 하느님의 활동이고, 또한 고생으로 지친 사람들에게 생기를 불어넣어 주고 활기를 회복시켜주시는 주님의 역동적인 힘이란 것을 알 수 있습니다. 안식이란 아무것도 하지 않음이 아니라, 다시 일할 수 있는 축복을 청하고 그런 가운데 힘과 생기를 얻어 삶의 활력을 회복하는 것을 의미합니다. 주님께 힘을 얻지 못하는 안식은 안식이 아닙니다. 안식을 취한다는 건 하느님께 축복을 얻어, 지친 삶을 회복한다는 뜻입니다.

＊ ＊ ＊

예수님께서는 안식을 통해 축복과 회복을 얻는 방법을 하나 알려주셨습니다. 그것은 바로 '외딴곳'으로 가는 것입니다.

마르코 복음에서 "외딴곳"마르 6,31으로 번역되는 '에레모스 ἔρημος'는 '광야'라고 번역되기도 합니다마르 1,3; 루카 1,80 참조. 직역하자면 '버림받은' 곳입니다. 도시와 마을에서 떨어져 아무도 찾지 않고 돌보지 않는 곳, 황량한 바람과 메마른 모래언덕이 끝없는 펼쳐지는 그런 곳이지요. 이런 장소에 가면 세상에 오직 나 혼자만 남겨진 것 같은 고독감이 밀려옵니다.

사막의 교부들은 고독이야말로 인간이 하느님을 만날 수 있는 길이라고 여겼습니다. 홀로 남겨졌다고 느낄 때 비로소 하느님과 대면할 수 있다고 보았기 때문입니다. 야곱이 야뽁 강에서 하느님과 씨름할 때도 혼자였지요창세 32,23-25 참조. 인간은 고독과 마주할 때 비로소 하느님을 만날 수 있습니다.

하느님을 만나는 장으로서의 '고독'은 지친 이들이 다시 일어설 힘을 청할 수 있는 유일한 통로입니다. 고독에 깊이 잠기어 하느님을 뵙고 그분의 축복과 다시 일할 힘을 얻는다면, 그것이야 말로 하느님의 활동으로서의 안식이며 예수님께서 말씀하신 쉼이 됩니다.

만약 생기를 회복시켜 주지 못하고 오히려 마음을 더욱 침체시킨다면 그것은 안식이 아니라 단순한 일시 정지일 뿐입니다. 마음을 나태하게 하고 신앙 감각을 무디게 하여 일상 회복 능력을 방해하는 중단이라면, 그것은 쉼이 아니라 그저 믿음의 균열이겠지요. 우리가 쉴 때는 그냥 멈추어 선 것인지, 아니면 하느님의 활동 안에서 잘 쉬고 있는 것인지 스스로 살펴봐야 합니다.

* * *

코로나 시기에 미사가 중단된 적도 있었습니다. 하지만 하느님의 움직임까지 멈춘 것은 아니었습니다. 멈추어 선 것이 있다면 그것은 하느님의 움직임을 느끼고 반응하는 우리의 의식과 마음이었을 겁니다. 진정한 안식은 우리를 지치게 하지 않습니다. 반대로 지친 우리에게 생기를 회복시켜 줍니다. 성령을 통한 하느님의 활동은 우리의 쉼과 고독 속에서도 계속됩니다.

쉼은 곧 고독이며 참된 고독은 하느님을 만나는 시간입니다.

07

전통을 지킨다는 것에 관하여

어째서 선생님의 제자들은 조상들의 전통을 따르지 않고, 더러운 손으로 음식을 먹습니까? 마르 7,5

바리사이들과 율법 학자들은 조상들의 전통, 곧 율법을 지키는 일을 두고 예수님과 논쟁을 벌였습니다. 예수님의 제자들이 율법을 지키지 않는다고 따졌던 것이지요. 예수님은 이렇게 날카롭게 지적하셨습니다.

너희는 하느님의 계명을 버리고 사람의 전통을 지키는 것이다.
마르 7,8

그들이 말하는 전통이라는 것이 결국은 사람이 만든 규정이며 교리일 뿐이라는 말씀입니다. 하느님의 계명과 사람의 전통 사이에서 우리는 하느님과 인간이 맺은 계약을 어떻게 이해하면 좋을까요?

* * *

하느님께서 당신 백성과 맺은 약속, 곧 '계약'을 구약성경에서는 히브리어로 '브리트ברית'라고 합니다.

- 이제 내가 너희와 너희 뒤에 오는 자손들과 내 **계약**을 세운다.
  창세 9,9
- 영원한 **계약**을 기억하겠다. 창세 9,16

아브라함과 노아와 모세는 모두 하느님과 계약을 맺었는데, 그것은 서로의 신뢰 관계 안에서 약속했다는 뜻입니다. 하느님께서는 "계명을 지키는 이들에게는 천대에 이르기까지 자애를 베풀 것"탈출 20,6이라고 약속하셨고, 모세는 그 계약을 "하느님의 명령"신명 4,2이자 사람이 지켜야 할 계명으로서 모든 세대에 전하게 하였습니다. 신명기는 그 계약의 내용을 담은 책입니다.

이스라엘 민족은 이 계약의 책을 토대로 자신들만의 독특한 전통을 형성하였습니다. 신명기는 '율법의 사본'이란 명칭답게 인간 세상에서 일어나는 많은 법적 문제를 다루고 있습니다. 다만, 큰 틀에서 하느님의 자비와 정의라는 이상적 원칙을 제시하다 보니 실생활에서 발생하는 모든 상황을 일일이 규정할 수는 없었습니다. 그로 인하여 전통이 전승되는 과정에서 다양한 주석과 해석들이 생겨났지요.

사람들은 계약의 책을 바탕으로 율법을 해석하면서 실생활에 적용할 때 필요한 다양한 법령을 제정하기 시작했습니다. 사람이 하는 일이다 보니 이런 해석들은 종종 서로 충돌했고 갈등의 불씨가 되기도 했습니다. 모세는 마치 이런 일이 일어날 것을 예상이라도 한 듯 신명기에서 이렇게 당부한 바 있습니다.

> 내가 너희에게 명령하는 말에 무엇을 보태서도 안 되고 빼서도 안 된다. 신명 4,2

신명기가 처음부터 인간사에서 발생하는 모든 경우를 다루려고 했던 것은 아니었습니다. 신명기의 궁극적인 목표는 사람과 하느님의 관계를 더욱 가깝게 만들려는 것이었습니다. 더 구체적으로는, 신명기를 반복해서 읽는 후대의 자손들에게 하느님이 주신 계명이 생생히 살아있는 계약[4]임을 선포하려는 것이었지요.

---

[4] 참조: 한님성서연구소 주원준, 『거룩한 독서를 위한 구약성경 주해5 신명기』, 바오로딸, 2016, p.122: 특히 십계명에 관하여 말씀하신 "주님께서는 이 계약을 우리 조

그러나 사람이 만든 규정들이 오히려 사람을 억압하기 시작했고, 그 해석과 적용에 대한 논쟁은 멈추지 않았습니다. 예수님 시대에도 바리사이들과 율법 학자들은 그 계명을 놓고 예수님과 여전히 대립했던 것입니다.

어째서 선생님의 제자들은 조상들의 전통을 따르지 않고, 더러운 손으로 음식을 먹습니까? 마르 7,5

예수님께 이렇게 항의했던 바리사이들에게는 정해진 규정을 문자 그대로 준수하는 것이 제일 중요한 일이었습니다. 하지만 예수님은 규정에 얽매이는 것이 아니라 하느님께 가까이 다가가는 것이 더 중요하다고 보았습니다. 그것이 신명기와 모든 율법의 궁극적인 정신이라고 간주하셨기 때문입니다.

* * *

계명의 본질에 대한 예수님의 생각을 잘 보여주는 단어가 있습니다. 바로 '엔톨레ἐντολή'라는 말입니다. 이 단어는 "하느님의 계명"마르 7,8으로 번역됩니다.

◇◇◇◇◇
상들과 맺으신 것이 아니라, 오늘 여기에 살아있는 우리 모두와 맺으신 것이다." (신명 5,3) 이 구절에 관한 주해를 참조할 것.

엔톨레는 '~안에'라는 뜻의 접두사 '엔^{έν}'과 '텔로스^{τέλος}'가 합쳐진 말입니다. '텔로스'는 '끝^{오메가}'이라는 뜻도 있고, '목적'이라는 뜻도 있습니다. 그런데 이 세상의 궁극적인 목적은 하느님이시지요. 이런 관점에서 계명, 즉 **엔-텔로스**를 풀이하면 궁극적인 목적 안에 머무름이며 **하느님 안에 있음**이라고 할 수 있습니다. 다시 말해 계명은 우리를 하느님 안으로 더 깊이 들어서게 하는 수단이고 하느님 안에 머물러 있게 도와주는 지침입니다.

조상들로부터 전해오는 전통과 율법 규정도 하느님께 가까이 가는 데 도움이 되지 않는다면 그건 그저 사람의 규정일 뿐입니다. 예수님 말씀대로 계명이 "마음을 내게서^{하느님에게서} 멀리 떠나 있도록 하는 것"$^{마르 7,6}$이라면 그것은 그저 바리사이들이 고수하는 사람의 전통에 불과할 것입니다.

예를 들어 십계명 중 '주일을 거룩하게 지내라.'라는 제3계명을 생각해 봅시다. 이 계명의 표현을 자세히 보면 주일을 거룩하게 '지켜라'가 아니라 '지내라'입니다. '지킨다'라는 것은 단순히 규정 준수 차원의 말이지만, '지낸다'라는 것은 실존적 차원의 문제입니다. 거룩하게 지낸다는 것은 안식일 동안 우리 마음이 하느님 안에 계속 머물고 우리가 그분 안에서 살고 있는지를 살펴보는 일이기 때문입니다. 비록 모든 순간 계명을 다 지키지 못하더라도 하느님 안에서 잘 지내고 있다면, 또 하느님의 뜻을 실천하며 살고 있다면, 이것이 바로 **엔-텔로스**, 즉 **하느님 안에 머무는 것**이며 바로 계명을 지키는 삶이 됩니다.

* * *

규정에 얽매이기보다 관계 안에 머무십시오.
전통에 얽매이기보다 정신 안에 머무십시오.
준수하기보다 실천하십시오.
지키기보다 지내십시오.

율법을 지킨다는 건 살아가는 일입니다. 계명을 사는 사람들은 규정에 얽매이지 않습니다. 지혜롭게 살아갑니다. 하느님이 주신 계명 안에 머물며 살아가자고 하는 계약의 책 신명기는 이렇게 말합니다.

너희는 그것들을 잘 지키고 실천하여라. 그리하면 민족들이 너희의 지혜와 슬기를 보게 될 것이다. 그들은 이 모든 규정을 듣고, '이 위대한 민족은 정말 지혜롭고 슬기로운 백성이구나.' 하고 말할 것이다. 신명 4,6

계명과 전통에 담긴 지혜와 슬기를 잘 헤아려 그 정신을 살아내십시오.

08

에파타에 관하여

에파타! 마르 7,34

마르코 복음 7장에는 귀가 안 들리고 말도 더듬는 이가 등장합니다. 예수님께서 그를 고쳐주시며 하신 말씀이 바로 이 '에파타ἐφφαθά'입니다. '에파타'는 "열려라!"마르 7,34라는 뜻의 아람어인데, 이 표현은 이사야가 전한 예언의 말씀에 등장합니다.

눈먼 이들은 눈이 열리고, 귀먹은 이들은 귀가 열리리라. 이사 35,5

'에파타'라는 말씀으로 그를 고쳐주신 순간, 예수님께서는 이사야의 예언을 성취하셨습니다. 물론 여기서 '열린다'는 말은, 안 보이던 눈이 열리고 안 들리던 귀가 열리며 말 못 하던 이가 말할 수 있게 되었다는 뜻입니다. 그런데 이 말에는 이런 육체의 변화보다 더 깊은 의미가 숨어있습니다.

* * *

마르코 복음이 '열린다'라는 뜻으로 사용한 단어는 '디아노이고διανοίγω'입니다. 루카 복음 24장에는 이 단어가 반복해서 나오는데, 눈과 귀와 말문이 열리는 것보다 한층 깊은 의미를 담아내고 있습니다.

예수님께서 묻히신 이튿날, 제자들은 빈 무덤을 발견하고 두려움에 휩싸였습니다. 바로 그날 제자들 가운데 두 사람이 엠마오로 길을 나섰고, 가는 도중에 부활하신 예수님이 그들에게 가까이 가시어 동행하게 되었습니다. 그러나 제자들은 주님을 알아보지 못했습니다. 그저 주님이 십자가에 달려 돌아가시고 묻히신 이야기만 되풀이할 뿐이었지요.

그들의 마음은 스승을 허망하게 잃은 슬픔으로 가득 차 있었습니다. 절망과 좌절의 깊은 늪에 빠져 헤어 나오지 못했지요. 마음이 혼란스럽고 이제 무엇을 어떻게 해야 할지 방향을 잃어 앞이 보이지 않았을 것입니다. 눈앞이 캄캄하다는 말이 딱 들어맞는 상황이었지요. 그날 저녁 엠마오에 다다르자 예수님은 그들과 함께 묵으셨는데, 이때 놀라운 일이 일어났습니다.

> 예수님께서는 빵을 들고 찬미를 드리신 다음 그것을 떼어 그들에게 나누어 주었다. 그러자 그들의 **눈이 열려**디아노이고 예수님을 알아보았다. 루카 24,30-31

드디어 눈이 열렸고 예수님을 알아보게 되었습니다. 여기서 눈이 열렸다는 표현이 바로 '디아노이고'입니다. 이는 신체가 아니라 그들의 영혼에서 어떤 변화가 일어났음을 알려줍니다. 다시 말해, 슬픔과 절망에 빠졌던 그들이 새 희망을 발견했고, 깊은 상처가 치유되기 시작했음을 의미합니다. 질끈 감았던 눈에 빛이 들어오면서 온통 캄캄하던 상황이 환해졌을 것입니다. 그리하여 "광야에서는 물이 터져 나오고, 사막에서는 냇물이 흐르듯"이사 35,6, 메마른 땅에 내리는 단비처럼 다시 살아갈 힘을 얻게 된 것입니다.

'에파타'는 상처 입은 영혼에게 스며드는 주님의 힘입니다. 우리의 상처는 그 힘으로 낫게 됩니다.

* * *

사실 예수님께서는 엠마오로 가시는 동안 내내 제자들에게 성경 전체에 걸쳐 예수님에 관해 예언된 내용을 자세히 설명해 주셨습니다. 그리스도의 고난과 부활과 영광에 관한 이야기지요. 제자들은 이제야 그 말씀의 의미를 깨우쳤습니다.

> 길에서 우리에게 말씀하실 때나 성경을 **풀이해 주실 때**디아노이고 속에서 우리 마음이 타오르지 않았던가! 루카 24,32

우리말 성경은 '풀이해 주실 때'라고 번역하고 있지만, 이 역시 그리스어 성경에는 '디아노이고' 동사를 사용하고 있습니다. 여기서 '성경을 풀이해 주셨다.'라는 말은 예수님께서 성경 말씀을 받아들일 수 있도록 우리의 이성과 믿음을 '열어 주셨다'는 뜻입니다. 제자들은 성경에 대한 지식뿐만 아니라 구원의 본질까지 깨닫게 되었습니다. 앎에 대한 희열도 느꼈을 것입니다. 그래서 그 마음도 뜨겁게 타올랐던 것이겠지요. 성경을 풀이함은 말씀으로 들어가는 문을 열어 주셨다는 것이고, 그것은 곧 구원의 문이 열린 것과 같았습니다.

'에파타'는 예수님을 만난 기쁨으로 충만한 행복한 전율이며 구원에 대한 기대로 가슴이 벅차올라 마음이 활짝 열리는 것입니다.

＊ ＊ ＊

　제자들은 곧바로 일어나 예루살렘으로 돌아갔습니다. 그곳 제자들에게 자신들이 겪은 일을 알렸지요. 그때 부활하신 주님께서 그 자리에 나타나셨습니다. 루카 복음은 제자들이 "너무나 무섭고 두려워 유령을 보는 줄로 생각하였다."루카 24,36고 전합니다. 겁에 질려 예수님께 선뜻 나아가지 못했습니다. 두렵기도 했거니와 어쩔 줄 몰라 우물쭈물하였습니다. 머뭇거리고 경직된 제자들의 태도는 그 마음이 닫혀있었음을 보여줍니다. 주님께서는 다시 한번 모세의 율법과 예언서와 시편에 기록된 예언들을 언급하시며, 그 모든 예언이 지금 그들 눈앞에 계신 예수님 당신을 통해 이루어졌음을 설명해주셨습니다.

　그때에 예수님께서는 그들의 **마음을 여시어**디아노이고 성경을 깨닫게 해 주셨다. 루카 24,45

　그렇게 굳어있던 마음이 예수님 덕분에 비로소 열리게 되었지요. 일단 마음을 열자 제자들은 확신에 가득 차서 용기를 내어 스승에게 다가갔고, 마침내 복음선포라는 벅찬 사명까지 받게 되었습니다.

　'에파타'는 신앙의 결단이자 다짐이며 실천할 용기를 내는 힘입니다.

* * *

'에파타'에는 이 모든 것이 담겨 있습니다.

'에파타!'를 외칠 때 우리는 주님께서 주시는 회복탄력성을 얻게 됩니다.
'에파타!'를 외칠 때 우리는 뜨거운 신앙의 감동을 느끼게 됩니다.
'에파타!'를 외칠 때 우리는 신앙의 결심으로 용기를 얻게 됩니다.

주님의 치유가 간절히 필요한 순간,
구원에 대한 확신에 차 희열을 느끼는 순간,
주님의 가르침을 삶으로 실천할 용기가 필요한 순간,

잊지 말고 "하늘을 우러러, 에파타!"^(마르 7,34)라고 외쳐 보십시오.
하늘이 열릴 것입니다.

'에파타'는 귀와 입이 아니라 하늘이 열린다는 뜻입니다.

09

사탄에 관하여

예수님께서 당신의 수난과 부활을 예고하시자 베드로는 그 말씀을 받아들이지 못합니다. 사람의 아들이 많은 고난을 겪고 사람들에게 배척을 받아 죽임을 당할 것이라고 하시니 베드로는 얼마나 놀랐겠습니까? 절대 그럴 리 없을 것이라고 부정하며 주님 말씀을 반박한 것은 어쩌면 자연스러운 반응이었을 것입니다. 그런데 예수님은 그런 베드로를 꾸짖으셨습니다.

사탄아, 내게서 물러가라. 마르 8,33

주님의 수난을 안타까워하는 제자를 사탄이라고 칭하셨습니다. 이에 덧붙여 "너는 하느님의 일은 생각하지 않고 사람의 일만 생각하는구나"마르 8,33라며 호통까지 치셨습니다.

어찌 된 일일까요? 평소 누구보다 아꼈던 제자가 정말 사탄이라고 생각하셨을까요? 대체 사탄이란 어떤 존재일까요?

* * *

사탄은 한마디로 규정하기가 매우 어렵고 복잡합니다. 구약성경에 사용된 '사탄שטן'과 신약성경에 나오는 '사탄σατανᾶς'도 똑같은 개념은 아닙니다. 구약성경 욥기에서 사탄은 주님께 반대 의견을 내거나 욥을 고발하는 자[5] 정도의 역할을 합니다. 자신의 주장을 입증하기 위해 욥을 시험하지만, 그래 봤자 사탄은 하느님의 허락 아래에서만 움직일 수 있는 존재였습니다.

그러나 신약성경에서 사탄은 하느님께 종속되어 있지 않고 독자적으로 판단하고 행동하는 존재로 나옵니다. 광야에서 유혹을 받으시는 예수님의 이야기마르 1,12-13 참조에서 알 수 있듯이 구약성경에 비해 그 악마적 위상이 훨씬 높아졌지요. 신약성경에서

---

5 참조: 송혜경, 『사탄 악마가 된 고발자』, 한님성서연구소, 2019, p.20: "욥 1-2장에서 사탄(השטן)은 '하느님의 아들들' 가운데 하나로서 지금 현재 고발자(שטן) 역할을 맡은 자다. 그리고 하느님의 허락 하에 욥을 시험한 자이지 사탄이라는 이름의 악마가 아니다."

사탄과 거의 같은 의미로 사용되는 '악마^디아볼로스, διάβολος'는 더욱 교활한 존재입니다. 악마는 자기 뜻을 이루기 위해 다른 사람을 이용하기까지 합니다^마태 4,1-11 참조.

베드로를 사탄이라 칭하시는 마르코 복음 8장은 사탄의 이러한 특징을 잘 보여줍니다.

(1) 타인을 이용한 자기실현

예수님께서 수난과 죽음, 그리고 부활에 관해 말씀하시자 베드로가 갑자기 "예수님을 꼭 붙들고 반박하기 시작"^마르 8,32합니다. 조금 전까지만 해도 스승을 구원자 그리스도로 고백했던 베드로가 말이지요. 공동번역 성경에서는 이를 '펄쩍 뛰었다.'로 번역하였는데, 지금 우리가 보는 성경에는 '꼭 붙들고 반박하다.'라고 되어 있습니다. 이 동사는 '에피티마오^ἐπιτιμάω'로 가장 기본적인 뜻은 '꾸짖는다'입니다. 예수님께서 바람과 풍랑을 가라앉히실 때나 바리사이와 같은 위선자를 질책하신 장면에서 사용된 단어지요.

그런데 마르코 복음은 베드로의 행동을 이 단어로 묘사합니다. 아마도 베드로의 반응이 펄쩍 뛰며 오히려 스승님을 꾸짖는 것처럼 보인 모양입니다. 그러자 예수님도 '사탄아, 내게서 물러가라'며 베드로를 꾸짖으십니다. 여기서 주목할 것은 베드로와 예수님의 행동 모두를 '에피티마오'라는 똑같은 말로 묘사했다는 점입니다. 베드로가 예수님을 꾸짖자, 예수님께서도 베드로를 꾸짖으신 것입니다.

스승이 제자를 꾸짖는 것은 있을 법한 일이지만, 제자가 스승을 꾸짖는다는 것은 있을 수 없는 일이지요. 스승에게 대들고 스승과 같은 지위를 차지하려는 행동이며 스승의 권위에 도전하는 일이기 때문입니다. 실은 바로 이것이 사탄이 하고자 하는 것입니다.

예수님은 베드로의 도발이 베드로 자신 때문이라고 생각하지 않으셨습니다. 오히려 사탄이 그를 이용해서 주님의 권위에 도전한다고 보셨습니다. 사탄은 늘 자신이 직접 나서지 않고 다른 사람을 이용하여 자신의 의지를 실현하려 하기 때문입니다. 지금은 베드로가 사탄의 도구가 되었고, 바로 이것이 베드로가 '사탄'이란 말을 들은 가장 큰 이유입니다.

(2) 예수 그리스도에게 대적함

사탄은 수단과 방법을 가리지 않고 주님께 대적하려 합니다. 베드로의 경우, 사탄이 선택한 전략은 사람의 일만을 생각하게 하는 것이었습니다.

너는 하느님의 일은 생각하지 않고 사람의 일만 생각하는구나.
마르 8,33

사람의 일만 생각한다는 것은 인간적인 감정과 생각에만 머문다는 뜻입니다. 실제로 주님의 수난과 죽음 예고를 듣고 베드로는 얼마나 억장이 무너졌을까요? 스승을 극진히 사랑한 제자였으니 그 놀라움과 슬픔은 감당하기 어려웠을 것입니다. 하지만 베드로는 그런 인간적인 감정에만 사로잡혔습니다. 하느님께서 왜 그런 일을 하시려는지, 그 대의는 전혀 살피지 못했지요.

사탄이 노리는 것이 바로 이것입니다. 인간을 자신의 감정과 생각에 가두어서 하느님과의 관계에서 떼어내고 하느님의 뜻을 가리는 것입니다. 이때 인간은 사탄의 소유가 되어 버립니다. 사탄은 인간적인 감정을 매개로 삼아 인간에 대한 지배권과 통제력을 행사합니다. 그럼으로써 이 세상과 인간이 사탄 자신을 신으로 받들게 만들려는 것이지요.

그렇게 되면 자신이 하느님의 자리를 차지할 뿐만 아니라 하느님을 자기 아래에 둘 수 있다고까지 여기는 것입니다. 사탄은 하느님께 대적하여 하느님의 자리를 탐하는 자입니다.

(3) 자리에 대한 착각

사탄이 베드로를 유혹한 사건의 본질은 자신이 있어야 할 자리를 혼동하게 만든 것입니다. 사탄은 늘 그런 착각을 불러일으키지요.

사탄은 우리의 내면에 침투하여 진솔하고 인간적인 감정을 일으키며 우리를 뒤흔듭니다. 이를 통해 우리 자신도 모르게 주님을 대적하게 만들지요. 인간의 생각과 판단을 하느님의 계획보다 앞에 두고 높이 두게 합니다. 마땅히 하느님께 자리를 내드려야 할 인간이 하느님을 밀어내고 하느님의 자리를 대신 차지하게 하는 것입니다. 이로써 주객이 전도되듯 하느님의 자리와 인간의 자리가 뒤바뀌고 하느님과 우리의 관계는 궁극적인 파국에 이르게 됩니다.

예수님께서는 사랑하는 제자 베드로에게 그와 같은 착각에서 깨어나 자기 자리를 찾으라고 명령하십니다.

> 사탄아, 내게서 물러가라. 마르 8,33

여기서 '물러간다'라는 말을 그리스어 단어의 원뜻에 맞게 번역한다면, '사탄아, 내 **뒤로** 가라.'가 적절할 것입니다.[6] 우리는 하느님 뒤에, 하느님 아래에 있어야 하는 사람들입니다. 사탄은 늘 이 위치를 뒤바꾸어 놓지요. 우리를 교만에 빠뜨리고 하느님보다 앞서도록, 하느님보다 높은 자리를 차지하도록 유혹합니다. 존

---

[6] 참조: 송혜경, 같은 책, p. 87: "『성경』에는 "내게서 물러가라"로 되어 있지만 그리스어 ὀπίσω μου는 '내 뒤로 가라'로 옮기는 편이 더 정확하다. 베드로가 있을 자리는 예수님 뒤지 앞이 아니다. 예수님보다 앞에 서려는 것은 사탄이 하는 일이다. 그래서 예수님께서 베드로를 향해 '내 뒤로 가라, 사탄아' 하고 말씀하신다."

재의 자리를 착각하게 하는 것, 이것이 사탄의 변하지 않는 술책입니다.

사탄은 뒤따르는 자가 아니라 앞서려는 자입니다. 세상의 우두머리가 되려는 자, 주님을 제쳐놓고 혼자 가려는 자는 모두 사탄입니다.

그러므로 내 앞에는 언제나 주님이 계셔야 합니다. 주님이 뒷전으로 밀려나면 안 됩니다. 우리는 저마다 자신의 십자가를 지고 예수님의 뒤를 따르는 존재이기 때문입니다.

> 누구든지 내 뒤를 따르려면 자신을 버리고 제 십자가를 지고 나를 따라야 한다. 마르 8,34

지금 우리 앞에는 무엇이 있습니까? 재물이, 명예가, 인간적인 욕구와 욕망이 우리 앞에 놓여있다면, 다시금 주님을 앞에 둘 수 있어야 합니다.

"사탄아, 내 뒤로 물러서라."

베드로를 꾸짖은 예수님의 말씀으로, 우리 자신 앞에 놓인 사탄을 꾸짖으십시오.

10

관계에 관하여

하루는 바리사이들이 예수님을 찾아와 "남편이 아내를 버려도 됩니까?"마르 10,2라는 도발적인 질문을 던졌습니다. 예수님을 떠보려 한 것이지요. 예수님이 율법에 어긋나는 주장을 하면 트집을 잡으려고 잔뜩 별렀을 것입니다. 그런 의도를 알아차린 예수님은 모세의 율법에는 뭐라고 쓰여 있는지, 먼저 되물으셨습니다. 바리사이들은 '이혼장을 써주고 아내를 버리는 것은 모세도 허락했다'고 답하며 예수님의 견해를 듣고자 했습니다.

예수님은 단호하셨지요. 모세가 그렇게 가르친 것은 '너희 마음이 완고하기 때문'이라고 답하셨습니다. 다시 말해 욕망에 사로잡혀 아내를 버리고 다른 여자를 취하고자 너희가 하도 고집을 피우니 모세가 마지못해 허락했을 뿐이라는 뜻이겠습니다. 그러면서 율법의 차원을 넘어서는 혼인의 진정한 본질에 관해 말씀해주셨습니다.

하느님께서 맺어 주신 것을 사람이 갈라놓아서는 안 된다. 마르 10,9

혼인은 하느님께서 맺어 주신 관계라서 해소할 수 없다고 선포하십니다. 그러면서 이 결합은 남편과 아내 사이의 문제이기 이전에 인간 본성에 관한 문제이며 더불어 하느님의 창조 질서에 관한 이야기임을 명확히 하셨지요. 대체 예수님은 무슨 까닭으로 그리 말씀하신 것일까요?

* * *

방금 인용한 말씀을 하시기 전에 예수님께서는 이런 말씀도 하셨습니다.

하느님께서는 사람들을 남자와 여자로 만드셨다. 마르 10,6

이 말씀은 남자와 여자의 관계를 생각할 때, 먼저 하느님의 창조 계획과 목표를 떠올리고 그것에 기초해서 살펴야 한다는 취지입니다. 하느님께서 남자만을 만드신 것이 아니라, 여자를 굳이 또 만드신 이유를 기억하라는 말씀이지요. 창세기에는 그 이유가 이렇게 나옵니다.

> 사람이 혼자 있는 것이 좋지 않으니, 그에게 알맞은 협력자를 만들어 주겠다. 창세 2,18

여기서 '알맞은 협력자'로 옮긴 히브리어 구절은 '에제르 크네그도 עזר כנגדו'입니다. '에제르עזר'는 '도움' 또는 '돕는 사람'을 뜻하고, '크כ'는 '~같이'라는 뜻의 전치사이며, '네게드נגד'는 '마주하여'·'앞에'라는 뜻입니다. 이를 직역하면, '사람아담을 향해 마주 보는 도움과 같은 존재'라고 할 수 있습니다.

이 구절을 오해해서, 여자가 남자의 한갓 조력자로 창조되었다고 해석하기도 합니다. 그러나 이는 마주 봄의 원리를 제대로 파악하지 못한 단견이자 편견입니다. 마주 본다는 것은 두 사람이 함께 서로를 향할 때에만 일어나는 사건이지요. 혼자 상대를 바라보는 것은 마주 봄이 아닙니다.

남자와 여자는 서로가 서로에게 **마주 봄 같은 도움**이 되어야 합니다. 마주 보면서 상대의 존재를 그 모습 그대로 인정하고 긍정하라는 말씀이지요. 서로 사랑으로 마주 보고, 하느님의 형상으로 마주 보고, 나와 다른 존재라는 점을 인정하면서 마주 보고, 유일하고 독특한 개성을 가진 존재로서 마주 보아야 합니다. 그렇게 마주 보는 상태에서 남자와 여자는 서로에게 도움을 주는 존재입니다. 다시 말해 그의 마주 봄 같은 도움은, 남자와 여자 쌍방이 서로 돕는 것을 말합니다. 하느님께서 사람을 남자와 여자로 만드신 까닭은 서로가 서로에게 그의 마주 봄 같은 도움이 되게 하려 하셨기 때문입니다.

바리사이들은 '남편이 아내를 버려도 되는가?'하고 물었습니다. '버린다'는 표현에서 드러나듯이 그들은 아내를 한갓 소유물처럼 생각했던 것이지요. 모세의 율법조차 이혼장만 써 준다면 버려도 된다고 허락함으로써 남자와 여자의 동등한 상호성을 망각하고 말았습니다.

그러나 예수님은 남편과 아내가 서로의 마주 봄 같은 도움이 되어야 한다는, 하느님의 창조 원리를 가장 먼저 떠올리셨습니다. 부부의 사랑, 부부의 관계는 그런 창조 질서에 기초해서 이해해야 한다고 보신 것입니다. 인간은 사랑이신 하느님의 형상으로 창조되었기에 사랑은 인간의 본성에 속합니다. 하느님께서는 남편과 아내, 아내와 남편을 사랑의 관계로 불러주셨고 함께 결속해 주셨지요. 부부의 사랑은 인간을 향한, 하느님의 절대적이고 불변하는 사랑을 나타내는 표상입니다.

그러므로 부부는 언제나 한결같은 사랑 속에서 서로가 서로에게 마주 봄 같은 도움이어야 합니다. 이를 위해 하느님께서 사람을 남자와 여자로 만드셨고 묶어주셨으니, 그것을 사람이 갈라놓을 수 없다고 말씀하신 것입니다.

* * *

그런데 사랑이 인간의 본성에 속한다면, 부부뿐 아니라 모든 타인과 사물들에 대해서도 같은 원리가 적용될 것입니다. 아내와 남편이 서로 마주 보며 돕듯이 인간은 주변의 모든 이들에 대해서도 서로 마주 보며 도와야 할 것입니다.

실로 사람은 혼자서는 살아갈 수 없습니다. 낳아 주신 부모가 있고, 함께 자란 동기가 있고, 늘 내 편이 되어주는 벗이 있으며, 더불어 살아가는 이웃이 있습니다. 누구나, 그리고 언제나 사람은 자신이 속한 공동체에서 서로 관계 맺으며 살아가고 그 관계를 통해서만 살아갈 수 있습니다. 다시 말해 인간은 본성적으로 **관계-속에-있는** 존재입니다.

이 관계 속에서 우리는 타인을 또한 마주 봅니다. 타인을 사랑으로 마주 보고, 하느님의 형상으로 마주 보고, 유일한 개성을 가진, 나와 다른 사람이라는 점을 수긍하며 마주 봅니다. 그리하여 나와 타인 모두의 존재를 돌보고 서로에게 도움을 주며 살아갑니다.

주님께서는 이렇게 관계 속에 머무르며 서로를 마주 보는 삶의 태도를 한마디로 압축해서 제시하셨습니다.

내가 너희에게 명령하는 것은 이것이다. **서로** 사랑하여라. 요한 15,17

여기서 '서로'라고 옮긴 그리스어 '알레론 $\allelon$'은 성경에 수도 없이 등장하는 단어입니다. 서로 마주 보고 나누어야 하는 사랑과 도움의 구체적인 내용을 우리에게 자세히 알려주기 위함이지요.

서로 깊이 아끼고 **서로** 존경하고로마 12,10, **서로** 뜻을 같이하고로마 12,16, **서로** 기꺼이 받아들이고로마 15,7, **서로** 똑같이 돌보고1코린 12,25, **서로** 격려하고2코린. 13,11, **서로** 사랑으로 섬기고갈라 5,13, **서로** 남의 짐을 져 주고갈라 6,2, **서로** 참아주고에페 4,2, **서로** 순종하고에페 5,21, **서로** 용서하고콜로 3,13, **서로** 평화롭게 지내고1테살 5,13, **서로** 베풀고2테살 1,3, **서로** 남을 위해 기도하고야고 5,16, **서로**를 위하여 봉사하고1베드 4,10, **서로** 사랑하며1요한 4,11 사는 것, 이것이 하느님께서 인간을 지으신 목적입니다.

아내와 남편뿐 아니라 우리는 모두 서로 마주 보고 서로 인정하며 함께 살아야 하는, **관계-속에-있는** 존재입니다.

* * *

혼인에 관한 마르코 복음의 말씀은 우리의 모습을 돌아보게 합니다. 우리는 각자가 속한 그 모든 관계에 충실하고 진실하게 임하고 있는지요? 우리는 서로 마주 보고 있을까요? 우리는 진정 솔직하게 마음을 열어 타인을 받아들이고 있을까요? 과연 나는 진정 누군가에게 알맞은 협력자, **그의 마주 봄 같은 도움**이 되고 있을까요?

알맞은 협력자란 서로 마주 보는 존재입니다. 마주 본다라는 건 정직한 마음으로 자신을 내보이고, 선한 눈길로 타인을 바라보는 것입니다. 사람과 세상에 대한 불신으로 가득 찬 사람은 결코 세상과 마주할 수 없습니다. 하느님에 대한 의심으로 가득 찬 사람은 결코 하느님을 마주 볼 수 없습니다.

나에게 마주할 수 있는 누군가가 존재한다는 것은 행복한 일입니다.

내가 누군가에게 마주할 수 있는 존재가 된다는 것은 그 자체로 축복입니다.

우리는 서로 **마주 보며** 살아가는 존재입니다.

11

가진 것을 판다는 것에 관하여

　공관복음서에 모두 나오는 병행 구절 가운데 하느님 나라와 부자에 관한 이야기가 있습니다. 그 이야기는 이렇습니다.
　하루는 어떤 이가 예수님께 찾아와 영원한 생명을 얻기 위해서 무엇을 해야 하는지 물었습니다. 예수님께서는 율법 규정을 잘 지키라고 다독이셨지요. 살인하지 말라, 도둑질하지 말라, 부모를 공경하라 등 여러 예를 드셨습니다. 그러자 그 사람은 어릴 때부터 그 모든 규정을 잘 지켰다고 대답했습니다. 예수님께서는 그를 사랑스럽게 바라보시며, 지킬 것이 한 가지 더 있다고 말씀하셨습니다.

정 솔직하게 마음을 열어 타인을 받아들이고 있을까요? 과연 나는 진정 누군가에게 알맞은 협력자, **그의 마주 봄 같은 도움**이 되고 있을까요?

알맞은 협력자란 서로 마주 보는 존재입니다. 마주 본다는 건 정직한 마음으로 자신을 내보이고, 선한 눈길로 타인을 바라보는 것입니다. 사람과 세상에 대한 불신으로 가득 찬 사람은 결코 세상과 마주할 수 없습니다. 하느님에 대한 의심으로 가득 찬 사람은 결코 하느님을 마주 볼 수 없습니다.

나에게 마주할 수 있는 누군가가 존재한다는 것은 행복한 일입니다.

내가 누군가에게 마주할 수 있는 존재가 된다는 것은 그 자체로 축복입니다.

우리는 서로 **마주 보며** 살아가는 존재입니다.

11

가진 것을 판다는 것에 관하여

공관복음서에 모두 나오는 병행 구절 가운데 하느님 나라와 부자에 관한 이야기가 있습니다. 그 이야기는 이렇습니다.

하루는 어떤 이가 예수님께 찾아와 영원한 생명을 얻기 위해서 무엇을 해야 하는지 물었습니다. 예수님께서는 율법 규정을 잘 지키라고 다독이셨지요. 살인하지 말라, 도둑질하지 말라, 부모를 공경하라 등 여러 예를 드셨습니다. 그러자 그 사람은 어릴 때부터 그 모든 규정을 잘 지켰다고 대답했습니다. 예수님께서는 그를 사랑스럽게 바라보시며, 지킬 것이 한 가지 더 있다고 말씀하셨습니다.

너에게 부족한 것이 하나 있다. 가서 가진 것을 팔아 가난한 이들에게 주어라. 마르 10,21

이 말씀을 듣고 그는 울상이 되어 슬퍼하며 떠나가 버렸습니다. 재물이 많은 사람이어서 그것을 팔 생각을 하니 차마 엄두가 나지 않아 막막했겠지요. 가진 것을 팔아 다른 사람에게 준다는 것은 사실 이만저만 어려운 일이 아닐 것입니다. 그 당연한 사정을 잘 아셨을 텐데 예수님께서는 어째서 이런 요구를 하셨을까요? 이 말씀에 담긴 주님의 의도는 무엇일까요?

* * *

마르코 복음이 '팔다'라는 뜻으로 사용한 그리스어 동사는 '폴레오^{πωλέω}'입니다. 시장에서 돈을 받고 물건을 판다는 뜻의 평범한 단어입니다. 그런데 신약성경에서 이 단어가 사용된 예들을 보면 좀 다른 의미가 부여된 것을 알 수 있습니다.

가령 마태오 복음 13장에는 밭에서 보물을 발견한 사람 이야기가 나옵니다. 그는 보물을 도로 숨겨 두고 기뻐하며 돌아가서 가진 것을 **다 팔아**^{폴레오} 그 밭을 사들였습니다$^{마태\ 13,44\ 참조}$. 이어서 나오는 값진 진주를 발견한 상인 이야기도 마찬가지입니다. 그 역시 가진 것을 모두 **처분하여**^{폴레오} 그 진주를 샀습니다$^{마태\ 13,45-46\ 참조}$.

루카 복음 12장에서는 예수님께서 '너희의 보물을 하늘에 쌓으라'고 권유하십니다. 보물을 하늘에 쌓는 방법은 자선을 베푸는 것이지요. 이때도 주님께서는 가진 것을 팔라고 말씀하십니다: "너희들은 가진 것을 **팔아**폴레오 자선을 베풀어라."루카 12,33

이 사례들에는 공통점이 있습니다. 내다 파는 것보다 사들이는 것이 더 가치 있고 값진 것이라는 점입니다. 밭에서 발견한 보물이, 값진 진주가, 하늘에 쌓은 보물이 그러합니다. 그것들이 바로 하느님 나라이기 때문입니다.

여기서 가진 것을 판다는 것은, 물론 재물을 내다 파는 행위를 나타내지만, 비유적 의미를 풀어서 보자면 기존의 삶의 방식을 내려놓는다는 의미입니다. 이제껏 살아온 삶의 방식과 태도를 버리고 포기하는 대신 하느님 나라에 어울리는 삶을 선택하라는 권고의 말씀이지요. 더 큰 가치를 선택하기 위해 기존의 것을 포기하는 행위, 이것이 바로 '폴레오'입니다.

지금 예수님을 찾아온 부자에게도 예수님께서는 포기와 선택을 요구하십니다. 그가 속해 살았던 익숙한 세계에서 빠져나와 그리스도 안에서 사는 새로운 삶을 선택하라는 말씀이지요. 사실 그는 유다 사회의 전형적인 관습에 충실했던 인물입니다. 어릴 때부터 율법의 모든 규정을 잘 지켰고, 선하고 좋은 삶을 살려고 노력했습니다. 그 모습이 예수님 보시기에도 사랑스러울 정도였지요. 하지만 그는 아직 그리스도를 몰랐고, 그리스도 안에서 사는 삶에 참여하지 않았습니다. 예수님께서 팔라고 한 것은, 바로 그가 지금까지 안주하여 살았던 세계 그 자체입니다. 거기서 벗어나서 주님을 따르라는 것이 주님의 마지막 요청이었지요.

그러나 그는 차마 자기 세계를 버릴 수 없었으므로 슬퍼하며 자리를 떠나고 말았습니다. 그 모습을 안타까이 바라보시던 예수님은 이렇게 말씀하셨습니다.

- 재물을 많이 가진 자들이 하느님 나라에 들어가기는 참으로 어렵다! 마르 10,23
- 부자가 하느님 나라에 들어가는 것보다 낙타가 바늘귀로 빠져나가는 것이 더 쉽다. 마르 10,25

단지 재물이 많다는 이유만으로 하느님 나라에 들어가지 못한다는 뜻이 아닙니다. 자신의 세계가 완전하고 충만하다고 믿는 사람, 현재의 삶에 안주하고 만족하는 사람, 그가 바로 부자입니다. 자신의 세계를 움켜쥐고 포기하지 못하기 때문에 그리스도를 선택하지 못하는 것이지요. 예수님의 권고는 삶의 방향을 전환하라는 근본적인 요구였고, 그 부자는 끝내 그 요청에 부응하지 못했습니다.

* * *

때가 차서 하느님의 나라가 가까이 왔다. 회개하고 복음을 믿어

라. 마르 1,15

이는 예수님께서 선포하신 첫 번째 복음 말씀입니다. 하느님 나라에 들어가기 위해서 가장 먼저 할 일은 회개입니다. '회개'를 뜻하는 그리스어 '메타노이아 μετάνοια'는 '몸을 돌린다'라는 뜻입니다. 이전에 바라보던 것에서 몸을 돌려 새로운 것을 향해 선다는 의미지요. 그리스도 밖에서 살던 과거의 삶에서 벗어나 그리스도 안에서 살아가는 새로운 삶을 지향하고 선택하라는 말씀입니다.

우리는 성경에서 기꺼이 회개했던 믿음의 선배들을 목격합니다. 자신의 세계를 선뜻 버리고 주님을 선택한 제자들이지요.

이를테면 예수님께서 갈릴래아 호숫가를 지나시다가 베드로와 시몬과 안드레아를 보시고 당신을 따르라고 명하십니다.

그러자 그들은 곧바로 그물을 **버리고** 예수님을 따랐다. 마태 4,20

거기에서 좀 더 가시다가 야고보와 요한을 만나 똑같은 말로 그들을 부르셨습니다.

그들은 곧바로 배와 아버지를 **버려두고** 그분을 따랐다. 마태 4,22

제자들은 곧바로, 지체하지 않고, 망설임 없이 자신의 세계를 버렸습니다. 나고 자랐던 익숙한 어부의 세계를 등지고 그리스도 안에서 사는 삶을 향해 몸과 마음을 돌려놓은 것입니다. 그들이 자신의 세계에 계속 집착했더라면 예수님을 찾아왔다가 울상이 되어 돌아간 부자처럼 그들도 실의에 빠져 허무의 바다 위에서 표류했을 것입니다. 그러나 제자들은 익숙한 세계를 포기했고 주님을 선택함으로써 구원을 받았습니다.

사도 바오로도 그렇습니다. 그는 유다교의 믿음 깊은 구성원이었고 당대 권위 있는 랍비 가말리엘의 문하생으로서 사도 22,3 엄격한 율법에 따라 교육을 받은, 촉망받는 바리사이파 엘리트였습니다.

> 여드레 만에 할례를 받은 나는 이스라엘 민족으로 벤야민 지파 출신이고, 히브리 사람에게서 태어난 히브리 사람이며, 율법으로 말하면 바리사이입니다. 열성으로 말하면 교회를 박해하던 사람이었고, 율법에 따른 의로움으로 말하면 흠잡을 데 없는 사람이었습니다. 필리 3,5-6

이렇듯 자부심 강한 유다인이었지만 부활하신 주님을 뵙자 자신의 세계를 곧바로 내려놓았습니다. 이전에 자신에게 이롭던 것들을 그리스도 때문에 해로운 것으로 여기게 되었고, 심지어 과거의 모든 것들은 쓰레기에 불과하다고까지 말합니다 필리 3,7-8 참조. 그렇게 몸을 돌려 회개하고 주님을 선택함으로써 그는 주님의 위대한 사도가 될 수 있었지요.

그리스도 안에 머무는 삶을 선택하기 위해 과거의 익숙한 세계와 삶의 방식을 내려놓는 것, 이것이 폴레오이며 메타노이아입니다.

가진 것을 판다는 것

그것은 나의 세계를 내려놓고 그리스도를 향해 몸을 돌려 그분을 선택하는 것입니다. 이것이 바로 하느님 나라에 들어가는 비결입니다.

* * *

보아라, 내가 오늘 너희 앞에 축복과 저주를 내놓는다. 신명 11,26

인간은 늘 선택 앞에 놓여 있습니다. 무엇이 축복받을 선택이고 무엇이 저주에 이르는 선택일까요? 그 기준에 관해서는 지혜서가 잘 알려주고 있습니다.

온 세상의 금도 지혜와 마주하면 한 줌의 모래이고, 은도 지혜 앞에서는 진흙처럼 여겨지기 때문이다. 나는 지혜를 건강이나 미모보다 더 사랑하고, 빛보다 지혜를 갖기를 선호하였다. 지혜의 손에

헤아릴 수 없이 많은 재산이 들려 있었다. 지혜 7,9-11

지혜를 택하시겠습니까, 세상의 재물을 택하시겠습니까?
그리스도를 택하시겠습니까, 익숙한 삶의 세계를 택하시겠습니까?
하느님 나라를 선택하기 위해 세상의 값진 것들을 포기할 수 있으시겠습니까?

무엇을 선택할 것인가는 오로지 우리 자신에게 달려 있습니다.

가진 것을 판다는 것은 영원한 것을 선택하는 것입니다.

포기는 또 다른 이름의 선택입니다.

12

셰마, 이스라엘에 관하여

이스라엘아, 들어라. 주 우리 하느님은 한 분이신 주님이시다. 그러므로 너는 마음을 다하고 목숨을 다하고 정신을 다하고 힘을 다하여 주 너의 하느님을 사랑해야 한다. 마르 12,29-30

가장 큰 계명에 관한 말씀은 세 공관복음서가 모두 전하는 내용으로, 신명기의 말씀이 인용된 것입니다 신명 6,4-5 참조. 그런데 이 '이스라엘아, 들어라!'라는 유명한 표현은 마태오와 루카 복음에는 없고 마르코 복음에만 기록되어 있습니다.

이스라엘아, 들어라 셰마 이스라엘, שמע ישראל! 신명 6,4

신명기 6장 4-6절은 이 구절의 히브리어 첫 단어를 따서 '셰마'라고 합니다. 이는 '듣다'라는 뜻을 가진 히브리어 동사 '샤마 שמע'의 명령법입니다. 하느님을 향한 사랑은 그분 말씀에 귀 기울이는 것부터 시작한다는, 가장 오래된 신앙고백이라 할 수 있습니다. '셰마'는 지금도 유효하여 모든 유다인이 신명기 11장 13-21절의 내용과 함께 하루에 두 번씩 반복적으로 암송하고 있습니다.[7]

* * *

'셰마'를 끊임없이 되뇌고 반복하는 행위는 유다인들에게 너무 당연합니다. 사실 신명기申命記는 책 이름부터 '반복'을 뜻합니다.[8] 모세를 통해 알려진 하느님의 명命을 지키도록 자손 대대로 가르쳐서 신신申申 당부하는 책이기 때문입니다. 모세의 율법을 거듭 되풀이하는 목적은 이스라엘 자손들이 "이것을 듣고 명심하여 실천"신명 6,3하고 "마음에 새겨 두도록 하기"신명 6,6 위함입니

◇◇◇◇

7 참조: 한님성서연구소 주원준,『거룩한 독서를 위한 구약성경 주해5, 신명기』, 바오로딸, 2016, p.145
8 참조: 신명기는 히브리어로 '엘레 핫드바림(אלה הדברים, 이는 말씀들이다)'으로 시작한다. 이 말에서 이 책의 히브리어 이름 '핫드바림(הדברים, 말씀들)'이 나왔다. (중략) 우리말 '신명기申命記'는 '계명을 거듭 가르쳐 주는 책'이란 뜻이다; 같은 책, p.16

다. 그렇게 하면 "우리가 의로워질 것"신명 6,25이며 주님께서는 우리에게 약속하신 축복을 오래오래 내려주실 것신명 11,21 참조이라 믿기 때문입니다.

마음에 새겨 두는 것

신명, 즉 명령을 반복하여 외는 것은 마음에 새김, 곧 **기억**하기 위함입니다. 이런 의미에서 신명기는 기억을 위한 책입니다. '셰마'는 '들어라!'라고 직역하지만, '기억하라!'는 의미도 함께 들어 있습니다. 그렇다면 무엇을 기억해야 할까요? 모세가 '셰마'를 통해 자손들에게 가르치고 전하고 싶었던 것, 그리하여 세세대대로 반복하여 기억하게 했던 내용은 비참한 인간을 돌보고 구원해 주시는 하느님의 사랑이었습니다.

이스라엘 백성들은 이집트 탈출 이후 광야에서 굶주림을 비롯한 온갖 시련을 다 겪었지만, 하느님의 사랑을 기억함으로써 하느님께서 자신들을 반드시 구원해 주실 것이라는 희망을 놓지 않았습니다. 비참한 유배 생활 중에도 구원에 관한 믿음을 간직할 수 있었던 힘은 오로지 그분의 사랑을 기억하는 데서 왔습니다. 이런 체험 이후 이스라엘 백성들은 시련이 닥칠 때마다 이집트 탈출이라는 절체절명의 위기 속에서도 하느님이 자신들을 구원해 주셨음을 반복하여 기억하였습니다. 그 기억으로 용기를 얻었고, 그것은 곧 '셰마'의 전통이 되었습니다.

* * *

'셰마'는 율법이기 전에, 하느님께서 우리와 함께 계신다는 사실을 끊임없이 떠올리고 기억하는 행위입니다. '셰마'는 절망 속에서 희망을, 슬픔 속에서 기쁨을, 죽음에서 생명을 바라보도록 하는 믿음의 행위입니다.

그래서 '셰마'는 어떤 상황 속에서든 하느님께서 우리를 버리지 아니하시고 구원해 주실 것이며, 한 분이신 바로 그 하느님을 내가 깊이 신뢰한다고 하는 아주 오래된 신앙고백이 될 수 있었습니다. '셰마'는 기억하라는 것입니다. 좀 더 구체적으로는 '하느님의 구원 의지를 항상 기억하라!'라는 것입니다. 신명기가 잊지 말라고 신신당부하는 하느님의 약속은 '내가 너희를 구원하겠다!'라는 것입니다.

그러므로 우리가 할 수 있고 해야 하는 일은 우리를 구원해 주시는 분을 기억하고 사랑하는 것뿐입니다. 오직 그분만을 믿고, 그분께만 의지하며, 그분만으로 사는 것입니다.

* * *

그러므로 너는 마음을 다하고 목숨을 다하고 정신을 다하고 힘을 다하여 주 너의 하느님을 사랑해야 한다. 마르 12,30

우리말에서도 "엄마 말 좀 **들어라**!"할 때에, 엄마의 말대로 따르라는 의미가 들어있지요. 히브리어 '셰마'도 마찬가지입니다. '셰마'는 단순히 반복하거나 듣는 것으로만 그치는 것이 아니라, 들은 것을 기억하고, 들은 것을 따른다는 의미에서 순명이라고 할 수 있습니다.

그분의 사랑을 기억하고, 그분을 따라 사랑하며 사는 것.

'셰마'는 그분을 **기억**하고 그분께 **순명**하는 우리의 삶입니다.

셰마, 이스라엘!

듣고, 기억하고, 사랑하라!

13

가난한 과부의 헌금에 관하여

저 가난한 과부가 헌금함에 돈을 넣은 다른 모든 사람보다 더 많이 넣었다. 저들은 모두 풍족한 데에서 얼마씩 넣었지만, 저 과부는 궁핍한 가운데에서 가진 것을, 곧 생활비를 모두 다 넣었기 때문이다. 마르 12,43-44

마르코 복음에는 가난한 과부의 헌금 이야기가 나옵니다. 예수님께서 어느 회당에 가셨다가 사람들이 헌금함에 돈을 넣는 모습을 보시게 되었지요. 부자들이 큰돈을 넣는 것도 보셨고, 가난한 과부가 렙톤 두 닢을 넣는 것도 보셨습니다. 그리고는 그 가난한 과부의 헌금에 대하여 위의 말씀처럼 칭찬하셨습니다.

예수님께서 과부를 칭찬하신 이유가 무엇일까요? 헌금 액수가 많아서였을까요? 설마 이 복음의 내용을 두고, '가난한 과부도 저렇게 정성을 보였는데…' 라면서, 신자들에게 더 많은 헌금을 요구하는 교회나 성직자는 없겠지요? 가난한 과부의 헌금 이야기로 예수님은 우리에게 과연 무엇을 말씀하시려는 것일까요?

* * *

마르코 복음의 이 이야기는 인상적인 대조의 구조로 편집되어 있습니다. 본문에는 두 가지 대조가 나타납니다.

첫 번째는 이 이야기 바로 앞에 나오는 율법 학자와의 비교입니다.마르 12,38-40 참조. 예수님께서는 율법 학자들을 조심하라고 말씀하십니다. 그들은 긴 겉옷을 입고 다니며 인사받기를 즐기고 회당에서 높은 자리를 차지하려 합니다. 가엾은 과부들의 가산을 등쳐 먹으면서 남에게 보이려고 기도는 길게 한다고 지적하셨지요. 간단히 말해 그들은 위선자입니다.

하지만 이 이야기의 주인공인 가난한 과부는 진심을 다해 하느님을 대합니다. 그녀가 넣었다는 렙톤 두 닢은 오늘날 금액으로는 대략 1,500원쯤 되는, 정말 소소한 금액이지요. 그런데 그 돈은 그녀가 가진 전부였습니다. 그녀는 자신이 가진 모든 것을 하느님에게 내어드린 것입니다. 아끼거나 숨기지 않았고, 헌금을 낸다고 생색내지도 않았으며, 그저 자신의 바람을 담아 간절하고 진실한 마음으로 하느님에게 헌금을 드렸던 것입니다.

이처럼 복음서 본문은 율법학자의 위선과 가난한 과부의 진실함을 극명하게 대조시킴으로써 과부의 진정성을 인상적으로 묘사하고 있습니다.

두 번째는 이 본문에 포함된 부자들과의 대조입니다. 부자들은 큰돈을 내놓았다고 복음서는 기록합니다. 그 금액이 얼마인지는 나와 있지 않지요. 가난한 과부가 낸 액수만 렙톤 두 닢이라고 정확히 알려주어 큰돈에 대비시키고 있습니다.

하지만 여기서 대조를 이루는 것은 금액의 차이가 아닙니다. 중요하게 봐야 할 단어는 바로 과부의 '생활비'^{마르 12,44}입니다. 그녀는 가진 돈 전부를, 생활비로 써야 할 긴요한 돈을 모두 드렸던 것입니다. 이것은 많은 것을 소유하고 그 가운데 일부 큰돈을 낼 수 있는 부자의 형편과 극명한 대조를 이룹니다. 가난한 과부는 생활비 전체를 냄으로써, 자신의 삶 전체를 하느님께 의탁하는 모습을 보였습니다. 그 절박함과 진실함, 그리고 하느님께 의존하는 믿음의 자세가 남달랐기에 예수님께서는 그녀가 '다른 모든 사람보다 더 많이 넣었다'라고 말씀하신 것이지요.

이렇듯 본문의 이야기는 부자와의 대조를 통해 가난한 과부의 절실함과 전인격적인 믿음의 자세를 두드러지게 그려냅니다.

* * *

그런데 잠시 생각해 볼 것이 있습니다. 마르코 복음에서 '생활비'로 번역된 그리스어는 '비오스βίος'인데, 정작 이 말에는 돈의 개념이 포함되어 있지 않다는 점입니다. 보통 '생활' 또는 '삶' 정도로 번역되는 말이지요. 요즘 흔히 쓰는 '바이오bio'가 바로 이 '비오스'에서 나왔습니다. 바이오는 바이오리듬 또는 바이오 공학이라고 할 때처럼 '생활'이나 '삶'·'생명'·'생물' 등을 의미하는 말이지요. 이는 그리스어 '비오스'와 뜻이 아주 유사합니다. 즉 인간을 포함한 모든 생물은 생명을 유지하는 자기만의 생물학적 방식이 있고 다른 생명체와 구분되는 고유한 삶의 양식이 있는데, 이것을 나타내는 말이 바로 '비오스'입니다.

우리말 성경에는 '생활비'라고 번역되어 있지만, 정작 그리스어 원문에는 '비오스'만 쓰여있을 뿐, 경제적 관념이 들어 있지 않다는 사실은 이 구절을 새로운 차원에서 묵상해 볼 단서를 줍니다.

고대 그리스 철학자 아리스토텔레스는 비오스에 대해 주목할 만한 통찰을 남겼습니다. 그에 따르면 인간의 비오스란, 한 사람이 살아가는 삶의 양식입니다. 어떤 사람은 정치적인 삶을 살고, 어떤 사람은 철학적인 삶을 살고, 또 다른 누군가는 예술적 영감이 충만한 삶을 살아갑니다. 이렇듯 사람마다 살아가는 삶의 양식과 방식이 있기 마련인데, 바로 이것이 그 사람의 비오스입니다.

　이런 비오스는 일시적으로 발현되는 모습을 말하는 게 아닙니다. 평소에 예술에 별로 관심이 없다가 우연히 흥미가 생겨 어쩌다 한두 작품 창작한다고 해서 예술적인 비오스라고 부르지는 않습니다.

　비오스는 그의 일생 전체에 걸쳐 지속적으로 작용하는, 자기만의 고유한 삶의 양식을 말합니다. 아리스토텔레스는 이런 양식이 품성에 기초한다고 합니다. 훌륭하고 탁월한 삶은 그런 삶으로 발현되는 훌륭하고 탁월한 품성에서 나온다고 본 것이지요. 아리스토텔레스는 훌륭한 품성이 훌륭한 행위를 반복하고 연습함으로써 형성된다고 하였는데, 이처럼 오랜 시간에 걸쳐 형성된 품성이 삶으로 드러난 삶의 양식, 그것이 바로 비오스입니다.

　성경에도 비오스의 이런 의미가 잘 드러나는 이야기들이 있습니다. 가령 열왕기 상권 사렙타 마을의 과부 이야기도 그중 하나입니다.

　사마리아 여인에게 물을 청한 예수님처럼요한 4장 참조, 엘리야 예언자는 사렙타 마을에 가서 어떤 과부에게 마실 물을 청합니다. 마침 그 여인은 생활이 너무 궁핍하고 비참한 나머지 "아들과 함께 죽을 작정"1열왕 17,12이었습니다. 삶을 포기할 만큼 고통스럽고 마음이 무너진 상태였지만, 그 여인은 엘리야에게 마실 물을 건네고 작은 빵을 만들어 주었습니다.

　어떻게 그럴 수 있었을까요? 아마 나그네를 환대하라는 율법을 꾸준히 지키며 살아왔기 때문일 것입니다. 오래된 삶의 방식이 몸에 깊숙이 배어 자신도 모르게 그런 행동을 했을 것입니다. 바로 이것이 그 과부의 탁월한 품성이요, 그녀가 지속해 온 가치관이며 삶을 대하는 태도입니다. 우리는 그것을 그녀의 비오스라고 말할 수 있습니다.

마르코 복음에서 렙톤 두 닢을 넣은 가난한 과부에 대해서도 '비오스'의 이런 의미를 적용하여 해석해 볼 수 있습니다.

> 저 과부는 궁핍한 가운데에서 가진 것을, 곧 모든 **비오스**를 다 넣었기 때문이다. 마르 12,44

그녀가 헌금함에 넣은 것은 물론 돈이지만, 마르코 복음이 그것을 굳이 '비오스'라고 표현한 것은 돈의 차원을 넘어서는 진실을 전하려 했기 때문일 것입니다. 그녀의 비오스는 그녀의 삶의 양식 그 자체입니다. 지금까지 유지해온 자신의 고유한 삶을 하느님께 드린 것이지요. 삶을 하느님께 드린다는 것은 목숨을 내놓는다는 것이 아니라, 하느님이 온 세상과 내 삶의 주님이시라는 사실을 신실하게 받아들인다는 뜻입니다. 하느님을 신뢰하고 하느님께 의존하며 겸손하게 하느님을 따르는 품성과 태도를 견지하며 살아왔고, 앞으로도 그리 살아가겠노라는 고백과 결단을 말합니다. 그녀가 하느님께 바친 것은 바로 이런 신실한 삶의 태도였습니다.

* * *

예수님께서 원하시는 건 바로 이런 의미에서의 비오스입니다. 예수님께서 우리가 봉헌하길 원하는 것은 신실한 삶의 태도이지 돈이 아닙니다. 예수님은 결코 부자들의 큰돈을 원하는 분이 아닙니다. 우리의 헌금은 변함없이 그리고 꾸준하게 지켜온, 그분만을 따르는 우리 삶의 태도입니다. 가난한 과부가 봉헌한 건 동전이나 지폐가 아니라 자기 삶이었습니다.

그러니, 이제 돈이 아니라 삶을 봉헌하십시오.

부족한 나의 삶을 겸손하게 봉헌할 수 있다면, 우리가 바로 가난한 과부입니다.

저 과부는 궁핍한 가운데에서도 자신의 **삶**비오스을 모두 다 내놓았기 때문이다. 마르 12,44

14

하느님의 영에 관하여

여기 돌 하나도 다른 돌 위에 남아 있지 않고 다 허물어지고 말 것이다. 마르 13,2

예수님께서 제자들과 예루살렘 성전에 올라가셨을 때 남기신 말씀입니다. 제자들은 성전의 대단함과 장엄함에 압도당했지만, 예수님께서는 그 성전이 파괴될 것이고 그로부터 재난이 시작될 것이라 예고하십니다.

그러자 제자 가운데 몇몇이 재난이 일어날 시점과 재난의 표징에 대해 물었습니다. 재난의 표징이 보이면 미리 알아차리고 대비해 보겠다는 심산이었겠지요. 그런데 예수님은 "민족과 민족이 맞서 일어나고 나라와 나라가 맞서 일어나며, 곳곳에 지진이 발생하고 기근이 드는 것"마르 13,8이라 예언하시고는, 그것은 단지 진통의 시작일 뿐이라고 덧붙이셨습니다. 그 시작에 이어 더 큰 재난이 닥칠 것이라는 말씀이지요. 성전이 무너지고 전쟁이 벌어지고 천재지변이 일어나는 것보다 더 큰 재난이란 도대체 무엇일까요?

* * *

더 큰 재난, 세상 멸망보다 더 무서운 재난은 인간 자신이 저 밑바닥부터 무너지는 것, 곧 존재의 무너짐입니다. 예수님께서는 제자들이 스승에 대한 믿음을 부인하고 자신들의 나약함을 드러내면서 존재의 무너짐을 체험하게 될 것을 염려하셨습니다. 제자들은 이제 의회에 넘겨지고 매를 맞고 총독과 임금 앞에 끌려가 예수가 그리스도라고 증언하게 될 것입니다. 예수님은 이런 상황에서도 무너지지 말고 끝까지 잘 견디어 내라고 제자들에게 간곡히 당부하고 계시는 겁니다. 환난과 박해가 시작되더라도 모든 민족에게 복음을 선포하는 일을 멈추지 말라는 당부입니다.

예수님이 성전 파괴를 예언하며 제자들에게 경고하시는 목적은 당장 세상의 종말을 알리려는 것이 아닙니다. 사람의 아들이 오실 것을 선포하여 세상에 미리 구원의 표징을 알리려는 것이었습니다.

그러나 제자들이 정말로 그러한 시련과 역경을 잘 견뎌낼 수 있을까요? 예수님은 그럴 것이라고 믿으셨습니다. 그래서 환난을 앞둔 제자들에게 이렇게 용기를 북돋아 주셨습니다.

무슨 말을 할까 미리 걱정하지 마라. 그저 그때에 너희에게 일러주시는 대로 말하여라. 사실 말하는 이는 너희가 아니라 성령이시다.
마르 13,11

* * *

여기서 하느님 아버지께서 보내시는 '성령'을 가리키는 말은 '프네우마 πνεῦμα'입니다. '프네우마'는 한자로 번역하면 '영靈'이라고 할 수 있지만, 인간의 '영혼'을 가리키는 그리스어 '프쉬케 ψυχή'와는 조금 다릅니다.

'프쉬케'는 인간의 지성과 이성, 의지나 감정 등 인간의 생명력을 주관하는 '영혼'에 해당하는 말입니다. 이 말의 근원을 거슬러 올라가 보면, 하느님께서 인간을 창조하실 때 넣어주신 "생명의 숨"창세 2,7에 이릅니다. 칠십인역 성경은 하느님께서 인간에게 주신 이 '생명의 숨'을 그리스어 '프쉬케'로 옮겼습니다.

인간은 자신에게 숨을 불어넣어 주신 하느님께 자신의 영혼을 맡기며 살아가는 존재입니다. 인간은 이 영혼의 힘으로 지식과 지혜를 얻습니다. 영혼으로 인간은 살아 숨 쉬고 하느님께서 허락하시는 희로애락을 겪습니다. 인간은 육체만이 아니라 영혼을 함께 가지고서 하느님께 받은 자기 삶을 살아갑니다. 그 삶 속에서 어려움을 겪으면서도 헤쳐 나갈 수 있는 것은 영혼이 있기 때문입니다.

이러한 인간의 **영혼**프쉬케과 구별하여, 하느님의 영 자체를 가리킬 때는 '프네우마'를 씁니다. 칠십인역 성경은 창세기 첫 구절에 나오는 '하느님의 영'을 그리스어 '프네우마'로 번역했습니다.

> 땅은 아직 꼴을 갖추지 못하고 비어 있었는데, 어둠이 심연을 덮고 **하느님의 영**프네우마이 그 물 위를 감돌고 있었다. 창세 1,2

프네우마는 아직 꼴을 갖추지 못한 혼돈의 세상에 질서를 부여한 창조의 근원이며 창조주 하느님의 힘입니다. 그것은 하늘과 땅, 온갖 생물들과 사람이 존재하기 전부터 있던, 근원으로서의 영입니다. 세상 그 어떤 피조물도 하느님의 영 없이는 제 자리에 있을 수 없습니다. 하느님의 영으로 말미암아 세상의 질서가 잡힙니다. 그래서 하느님의 영을 가리키는 프네우마는 인간 안에 있으면서, 동시에 인간의 능력을 초월하여 존재하는 영입니다.

우리는 자신이 한 행동을 자신의 이성으로 이해하기 어려운 상황을 체험하기도 합니다. 이를테면, 어떤 일을 하고서 '내가 어떻게 이런 일을 할 수 있었지?' 하며 놀라게 되는 경우입니다. 분명하게 발생했고, 명백하게 목격했으며 감각적으로 체험했으면서도, 인간의 이성으로는 도저히 이해하기 어려운 일들이 존재합니다. 인간의 내면으로부터 어떤 일이 일어나고, 그것이 감정으로든 행위로든 밖으로 표출되어 우리가 그것을 경험하였지만, 어떻게 그리된 것인지는 도무지 이해할 수 없을 때가 있습니다. 이럴 때 우리는 인간의 이성과 영혼을 초월해 있는 어떤 실재를 만나게 됩니다.

 인간 안에 있으면서도 동시에 인간을 초월해 있다고 말할 수밖에 없는 것.
 유한한 인간을 초월적 영역에 있는 무한한 존재와 관계 맺어주는 어떤 것.
 유한과 무한을 이어주는 매개가 바로 하느님 영이며 그 영의 작용입니다.

 인간의 인격 안에서 그의 **영혼**프쉬케과 **하느님의 영**프네우마이 만나 하느님의 영광을 드러냅니다. 그렇게 살도록 부름받은 존재가 바로 우리입니다. 따라서 사람이 하느님의 영을 외면한 채 살아서 하느님의 영을 만나지 못한다면, 그의 삶에서 하느님의 신비는 절대로 드러나지 않습니다. 성인들의 삶과 죽음에서 하느님의 영광이 드러날 수 있었던 것은, 그들이 항상 하느님을 찾고, 영원한 행복으로 인도해 주는 하느님의 영에 자신의 전全 존재를 맡겼기 때문입니다.

* * *

그리스도인은 하느님의 영과 결합하여 그분의 영으로 살아가는 사람들입니다. 그리스도인이라면 인간 자신의 영혼에만 의지할 것이 아니라 하느님의 영에 의탁해야 합니다. 우리는 하느님의 영과 하나 되어 그분의 영에 끝까지 머물러 있는 사람들입니다.

하느님의 영은 우리를 창조하셨으며 우리가 최종적으로 돌아가 안길 곳입니다.
하느님의 영이 우리에게 숨으로 붙어 있는 한, 우리는 그 힘으로 지금을 살아갑니다.

프네우마

사는 동안 그 안에 머무르십시오. 결국 프네우마 안으로 돌아갈 생生입니다.

15

깨어 있다는 것에 관하여 (2)

너희는 조심하고 깨어 지켜라. 그때가 언제 올지 너희가 모르기 때문이다. 마르 13,33

세상 종말에 관한 예수님의 말씀을 마르코 복음이 기록한 것입니다. 이는 마태오 복음 24장과 25장에 나오는 '깨어 있어라'라는 말씀과 병행되는 구절입니다.

- 그러니 깨어 있어라. 너희의 주인이 어느 날에 올지 너희가 모르기 때문이다. 마태 24,42

- 그러니 깨어 있어라. 너희가 그날과 그 시간을 모르기 때문이다.
  마태 25,13

그런데 의미가 비슷하지만, 마태오 복음과 마르코 복음은 각각 다른 단어를 사용하고 있습니다. 먼저 마태오 복음이 '깨어 있음'이라는 뜻으로 쓴 단어는 '그레고레오γρηγορέω'입니다. 겟세마니에서 기도하시던 예수님께서 잠든 제자들을 보고 너희는 나와 함께 한 시간도 **깨어** 있을 수 없느냐고 탄식할 때 썼던 그 말이지요.마태 26,40 참조 하지만 마르코 복음에서는 그냥 '깨어 있어라'가 아니고 '조심하고 깨어 지켜라'라고 기록하고 있습니다. 이때 사용된 단어는 '그레고레오'가 아니라 '아그뤼프네오ἀγρυπνέω'입니다. 비슷한 의미인데도 마르코 복음은 왜 굳이 마태오 복음과 다른 이 단어를 사용했을까요?

* * *

'아그뤼프네오'는 무언가를 '낚거나 잡는다'라는 뜻의 '아그라ἄγρα'와 '잠'을 뜻하는 '휘프노스ὕπνος'를 결합시키고, 다시 부정을 뜻하는 말 '아ἀ'를 앞에 덧붙여 그 의미를 또 뒤집은 단어입니다. '아그라'와 '휘프노스'를 합치면 잠을 낚아챈다는 뜻이 됩니다. 잠을 낚아채어 잡는다, 즉 잠에 빠진다는 뜻이지요. 거기에 부정불변사 '아ἀ'를 덧붙였으니, 그것의 반대 의미가 됩니다. 즉 잠에 빠지지 않는다는 뜻입니다. 마치 파수꾼이 보초를 서듯, 잠이 밀려오는 것을 경계하며 뜬눈으로 밤을 새워서라도 정신을 똑바로 차리고 있는 것입니다.

잠이란 게 그토록 경계해야만 하는 대상일까요? 잠이 대체 무엇이길래 예수님께서는 조심하고 깨어서 지키라고까지 말씀하셨을까요?

먼저, '아그라'는 낚거나 잡는 동작입니다. "깊은 데로 저어 나가서 그물을 내려 고기를 잡아라"루카 5,4에서처럼 물고기를 잡을 때 쓸 수 있는 말입니다. '아그라'가 뜻하는 '잡는다'라는 건 그물을 던져놓으면 고기가 잡히겠지, 하는 마음으로 아무데나 그물을 던져놓고 어쩌다 운 좋게 얻어걸린 고기가 있으면 끌어 올리는 행위가 아닙니다. 어부가 며칠이 걸려 그물을 손질하여 배에 싣고, 배를 더 깊은 데로 저어 나가고, 물고기가 있을 만한 곳을 찾아 무거운 그물을 내리고, 비로소 고기를 만나 끌어 올리는 행위까지를 모두 일컫는 말입니다. '아그라'는 아무 생각 없이 가만히 앉아있다가 운 좋게 잡는 것이 아닙니다. 무언가를 잡기 위해 더 깊은 곳으로 나아가 애써서 잡는 것입니다.

이런 의지적 나아감에 잠을 뜻하는 '휘프노스'를 결합시켜 봅시다. '아그라-휘프노스'는 잠을 잡기 위해 애써 노력한다는 뜻이 됩니다. '아그라-휘프노스'가 말하는 잠이란, 이제 자야겠다는 의지가 담긴 수면입니다. 몸이 피곤하거나 졸려서 어디에 등만 대도 스르륵 잠드는 그런 자연 수면이 아닙니다. 잠이 오지 않아도 어떻게든 애써 자야겠다는 강한 의지 때문에 내가 잠을 낚아채어 잠드는 의지적 수면을 말합니다. 더 깊은 잠으로 나아가겠다는 굳은 의지가 결국 나의 눈을 감게 하고 숙면에 빠지게 하는 것입니다. '아그라-휘프노스'는 의지적으로 눈을 감고 청하는 잠입니다. 따라서 그냥 수면이 아니라 의지를 가지고 눈을 감는 모든 행위도 여기에 해당될 수 있습니다.

이 '잠'은 육체의 피로를 풀고 정신을 맑게 해 주는 자연스런 수면과는 다른 맥락의 잠입니다. 그것은 애써 눈을 감겠다는 각오와 결심으로 드는 잠이기 때문에 현실에 눈을 감거나 외면하려는 모든 태도에도 적용할 수 있는 잠입니다. 말하자면 왜곡된 의지적 수면이지요.

그런 잠에 빠진 사람은 마음의 눈이 감겨 현실을 제대로 보지 못합니다. 그는 시선과 주의를 자신이 처한 곳에 두지 못하고 허공만 바라보며 방황하고 헤매는 사람입니다. 현재에 정착하지 못하고 지금 여기에 있기를 두려워하고 거부합니다. 어느 한곳에 머물거나 거주하려고 하지도 않습니다. 정처 없이 헤매고 방향 없이 돌아다닙니다. 고기를 잡는다거나 어디로 향해 간다거나 하는 목적도 없이 그저 떠도는 뱃사공과도 같습니다. 의지적 수면에 빠져 있는 사람은 의미를 발견하지 못합니다. 그들은 이곳저곳을 기웃거리며 얕은 지식으로 다량의 정보를 얻어 그것에 대해 알고 있다고 착각합니다. 그런 사람은 비현실의 공간을 누비고 다니면서 자신이 발을 딛고 있는 생생한 현실은 눈을 감고 외면합니다.

* * *

현대 사회는 인간이 참된 의미를 발견할 수 있도록 집중하는 것을 방해합니다. 이미 정보화 또는 데이터화 된 지식만을 검색하고 서핑하게 만드는 곳이 인터넷 세계입니다. 이런 세계는 우리를 더 피곤하게 하므로 무의식적으로 더 깊은 잠에 빠지도록 유인합니다. 이러한 잠은 육체의 피로를 풀어주는 잠이 아닙니다. 나의 의지와는 무관하게, 어떤 측면에서는 강제된 잠입니다. 그 잠은 세계의 참된 의미를 발견할 수 없도록 우리의 눈을 가립니다. 그 잠으로 우리는 눈이 감기고 긴긴 겨울잠을 자게 됩니다. 이 시대에 만연한 잠은 의미 상실의 잠입니다. 왜곡된 '아그라-휘프노스'는 우리의 눈을 가려, 의미를 발견하는 힘을 빼앗습니다.

예수님께서는 바로 이러한 위험한 잠에 빠지지 않도록 조심하고 깨어 자신을 지키라고 하신 것입니다. 자신이 속한 세계와 이웃에 대해 무감각하게 만드는 의미 상실의 잠을 경계하라고 하신 겁니다. **아그뤼프네오**는 그 위기의 잠, 위험한 잠에 들지 않도록 '의지적으로 깨어 있어라'라는 뜻입니다. 마르코 복음은 사실 이 구절에서 '아그뤼프네오'만 사용한 것이 아니라 집중해서 바라본다는 뜻을 갖는 '블레포βλέπω' 동사도 함께 쓰고 있습니다. 결국 '조심하고 깨어서 지켜보라블레페테 아그뤼프네이테,βλέπετε

$\dot{\alpha}\gamma\rho\upsilon\pi\nu\epsilon\hat{\iota}\tau\epsilon$'가 되는 것이지요.

* * *

현실을 외면하지 않고 지켜보면서, 오히려 의지적으로 깨어있는 상태를 유지하는 것.

의지적 깨어 있음은 의미 상실이라는 잠의 유혹에 맞서 주의를 기울여 사물을 바라보는 것입니다. 세계 안에 숨겨진 본래 의미에 집중하는 것입니다. 의지적 깨어 있음은 삶의 여정에서 끊임없이 영적인 의미를 발견하려는 노력으로 이루어집니다.

조심하고 깨어 지킨다는 것

깨어 있다는 것은 틀에 박혀 안주하지 않고 날마다 새로움을 발견하려는 노력입니다.

그러기 위해 정신을 맑게 하는 잠은 충분히 그리고 편안히 주무시되,
의미 상실이라는 위험한 잠에는 빠지지 마시기를 바랍니다.

16

종말론적 선택에 관하여

그 무렵 큰 환난에 뒤이어, 해는 어두워지고, 달은 빛을 내지 않으며, 별들은 하늘에서 떨어지고, 하늘의 세력들은 흔들릴 것이다.

마르 13,24-25

마르코 복음이 전하는 세상 종말과 심판에 관한 내용은 두렵기만 합니다. 해가 어두워지면 낮은 칠흑같이 캄캄해질 것이고, 달이 빛을 내지 않으면 밤은 아무것도 분간할 수 없는 암흑의 세계가 될 것입니다. 창조의 질서는 모두 무너지고, 다시 대혼돈의 시대로 접어드는 것입니다.

> 그때에 사람의 아들은 천사들을 보내어, 자기가 선택한 이들을 땅 끝에서 하늘 끝까지 사방에서 모을 것이다. 마르 13,27

하늘이 무너져도 솟아날 구멍은 있다고들 하지요. 세상 종말에 주님께서 우리를 선택하신다는 이 말씀은 구원의 열쇠가 됩니다.

* * *

위 구절에서 마르코 복음이 '선택한'이라는 뜻으로 쓴 그리스어는 '에클렉토스ἐκλεκτός'입니다. 이는 예수님께서 제자들 가운데에서 열둘을 "뽑으셨다"루카 6,13라고 할 때 사용된 동사 '에클레고마이ἐκλέγομαι'에서 유래한 형용사입니다. 말 그대로 직역하자면 '뽑아 세운'이라는 뜻입니다.

주님께서 우리를 뽑아 세우신 이유는 우리를 죄에서 구원하시려는 것입니다. 그것은 주님의 선택으로 이루어집니다. 이때 주님께서는 선택하시는 주체이시고, 우리는 그 선택의 대상입니다. '에클렉토스'는 능동적 차원의 형용사이므로 주님께서 '선택하시는' 것을 나타냅니다. 마르코 복음은 예수님을, 마음만 먹으면 땅끝에서 하늘 끝까지 사방에서 모든 이를 끌어모아 선택하시는 능동적 주체로 묘사합니다. 이런 선택의 능동성은 "너희가 나를 뽑은 것이 아니라 내가 너희를 뽑아 세웠다."요한 15,16라는 말씀에서도 잘 드러납니다.

그런데 이 '에클렉토스'가 다른 곳에서는 수동의 의미로 사용되기도 합니다. 특히 마태오 복음이나 요한 묵시록에서 그렇습니다.

- 사실 부르심을 받은 이들은 많지만 **선택된** 이들은 적다. 마태 22,14
- 부르심을 받고 **선택된** 충실한 이들도 그분과 함께 승리할 것이다. 묵시 17,14

마태오 복음에 의하면, 선택되는 이들은 매우 적습니다. 요한 묵시록에는 부르심을 받고 선택되었다는 말이 나옵니다. 이 두 구절 모두 마르코 복음에서 사용된 '에클렉토스'를 능동적인 의미에서 선택하는 것이 아니라 수동적 의미에서 선택되는 것으로 쓰고 있습니다. 따라서 '에클렉토스'를 능동적인 의미만으로 이해하여 우리가 어떻게 살든 예수님은 우리를 무조건 선택하실 것이라는 착각에 빠지면 안 됩니다. 우리가 정말 선택되기 전까지 우리는 끝을 알 수 없습니다.

* * *

그렇다면 주님께서는 어떤 사람을 선택하실까요? 우리는 어떻게 해야 선택받을 수 있을까요? 요한 묵시록 구절 "선택된 **충**

실한 이들"묵시 17,14에 주목해 봅시다. 여기에는 '충실한'이라는 조건이 붙어 있습니다. '충실한'을 뜻하는 '피스토스^{πιστός}'는 '성실한'·'신실한'·'진실한'으로도 번역됩니다. 주인이 종들에게 여러 탈렌트를 맡기고 여행을 갔다가 돌아와 셈을 하는 비유에서 성실하다는 말이 나옵니다.

> 잘하였다, 착하고 **성실한**$^{피스테, πιστέ}$ 종아! 네가 작은 일에 **성실하였으니**$^{피스토스, πιστός}$ 이제 내가 너에게 많은 일을 맡기겠다. 와서 네 주인과 함께 기쁨을 나누어라. 마태 25,21

종이 성실하였다는 것은 주인의 요구에 충실하게 응답하였다는 뜻입니다. 주인은 그렇게 충실하게 응답한 종을 크게 칭찬하며 신뢰하게 됩니다. 성실하였기 때문에 그 종은 주인에게 선택된 것입니다. 충실함, 또는 성실함은 선택되기 위해서 인간이 주님의 부르심에 응답할 때 요구되는 자세이자 조건입니다.

우리는 모두 부르심을 받습니다. 하지만 모두가 충실하게 응답하는 것은 아닙니다. 따라서 모두가 선택되는 것도 아닙니다. 오직 성실하게 응답하는 자만이 선택된 이들에 속하게 됩니다. 주님께서 우리를 선택하셨다는 의미에서 우리는 이미 선택된 사람들입니다. 하지만 아직 주님께 충실하게 응답하지 못하고 그분을 선뜻 선택하지 못한 채 주저하고 있다면, 아직 선택되지 않은 사람들이기도 합니다.

주님은 우리를 이미 선택하셨지만, 아직 온전히 선택하지는 않으셨습니다.

- **이미** 선택함, 그러나 **아직 아니** 선택함.

우리는 주님께 이미 선택되었지만, 아직 완전히 선택된 것이라고는 할 수 없습니다.

- **이미** 선택됨, 그러나 **아직 아니** 선택됨.

'에클렉토스'에는 선택의 능동성과 수동성이 다 있습니다. 선택에클렉토스의 개념은 이 능동과 수동의 종말론적 긴장 안에 놓여 있습니다. 우리는 **이미** 선택된 이들에 속하지만, 주님께 응답하느냐를 두고 **아직** 선택의 갈림길에 서 있다는 측면에서 종말론적으로 선택된 사람들입니다. 그러므로 구원이란 이미 선택된 것에 대하여 더 확고히 선택할 때 이루어집니다. 종말론적 선택에서는 선택된 것과 선택하는 것 사이에서 상호 순환이 끊임없이 일어납니다. 그러니 이미 한번 선택되었다고 해서 선택되기를 바라는 마음을 멈추어서는 안 됩니다. 같은 맥락에서, 내가 한번 선택했다고 해서, 그분의 부르심에 성실하게 응답하는 행위를 중단해서도 안 될 것입니다.

* * *

우리는 끊임없는 선택함과 선택됨 사이에 있습니다.

종말론적 선택

우리는 주님께 선택되었으나 선택은 아직 완성되지 않았습니다.
우리의 응답으로 선택의 나머지 부분이 완성될 것입니다.

Εἰρήνη τῷ οἴκῳ τούτῳ.